¡A FLISATEAR!

Cómo aprender a través de las mesas temáticas

DÁNAE MILLÁN

Saralejandría ediciones

Del texto:
Dánae Millán Martín

Perfil profesional:
@flisateados

Diseño de edición:
Elena Torres Andrés

De la presente edición:
Grupo Sar Alejandría S.L

Edita:
Saralejandría Ediciones

ISBN: 978-84-10105-81-2
Depósito Legal CS 71-2025

A Uxía e Iago. Descubrir la vida
a través de vuestra mirada y
vuestras manos es emocionante.

PRÓLOGO

¿Alguna vez has mirado a través de un caleidoscopio? Es un objeto sencillo, casi insignificante a primera vista, que al girarlo revela un universo infinito de formas y colores en continua transformación. Así es la educación cuando se vive a través del juego: una experiencia siempre cambiante, llena de belleza y posibilidades. Y así es este libro.

Puede parecer sencillo, pero escribir este prólogo resulta complicado por todo lo que me une a Dánae. Son muchos años, muchas visiones, aventuras, desafíos, risas y confidencias. Nos conocemos desde tercero de primaria, cuando compartíamos esa curiosidad infinita que nos hacía ver el mundo como un gran juego de espejos y colores lleno de posibilidades. Cuando nos juntábamos para hacer los trabajos de "cono", hacernos mutuamente los deberes y terminar jugando con sus Barbies, a tiendas o a profes. Desde entonces, y tras varias carreras cada una, hemos aprendido que la educación, como esos pequeños tubos mágicos, no es un sistema rígido sino una danza entre creatividad, intuición, conocimiento y amor.

Este libro es el caleidoscopio personal de Dánae, un espacio donde ha reunido ideas y experiencias para transformar algo tan aparentemente simple como una mesa Flisat y un puñado de bandejas, piezas sueltas y materiales educativos, en un universo de aprendizaje. Y esto es gracias a que ella lo ve desde diferentes prismas o puntos de vista: desde el amor, dedicación y emoción de ser madre -una espectacular, si me preguntáis-, pero también como maestra que se ha formado para unir experiencia con una base teórica que sustenta sus propuestas. Ella hace bonito todo lo que toca. Si paseáis por su cuenta de Instagram veréis una pequeña parte de toda la belleza, esmero y cuidado que le pone a cada cosa que hace, ya sea una manualidad, una celebración, unas croquetas, criar a Uxía o a Iago, envolver un regalo o cuidarnos a su familia y amigos.

Cada propuesta en estas páginas es como un giro del caleidoscopio: una nueva perspectiva, una nueva forma de ver el potencial educativo que hay en el juego en un espacio reducido. Inspirada por sus dos pequeños exploradores que me dieron el título de "Tía Marta" y que se han convertido en sus mejores compañeros de laboratorio y por su experiencia en aulas de Infantil y Primaria, Dánae ha tejido aquí un conjunto de actividades que invitan a mirar más allá de lo evidente, a descubrir la magia en lo cotidiano y a crear momentos de aprendizaje .

Lo maravilloso de un caleidoscopio es que en su juego de luces nunca muestra lo mismo dos veces. De igual forma, este libro no es una fórmula cerrada, sino una invitación a experimentar, a jugar y a reinventar desde lo que ya teníamos en nuestras aulas o casas. Porque la verdadera belleza de la educación está en su capacidad de transformarse y adaptarse a quienes la viven. Y porque cada niño, cada actividad y cada instante forman patrones únicos que enriquecen el aprendizaje y hacen de la educación un proceso siempre nuevo y emocionante.

Quiero que recordéis que los adultos somos quienes presentamos el caleidoscopio, pero son los niños quienes lo giran y le dan vida, creando patrones que nos sorprenden y nos enseñan tanto como a ellos. Nuestro papel es observar, comprender, acompañar y dejarnos maravillar por la belleza de sus descubrimientos, para así poder seguir buscando la manera de darles nuevos prismas, cristales y materiales para hacer crecer su manera de ver las cosas, sus intereses y sus ganas de seguir jugando e investigando.

Te invito a mirar a través de estas páginas y dejarte sorprender por las formas, los colores y las ideas, y descubrir cómo a través de una mesa temática y un puñado bien elegido de materiales se abren infinitas posibilidades de aprendizaje. Cómo el verdadero poder de la educación está en los momentos cotidianos en casa y en la escuela: en una pintura que se mezcla, en un cuento que se vive, en un juego que se reinventa una y otra vez. Y espero que como a mí, a ti te recuerde que, con un poco de creatividad y mucha pasión, cualquier rincón puede convertirse en un lugar donde nace una magia tan brillante como los cristales de un caleidoscopio.

Marta Aguilar Rodríguez

Profe Curiosa

INDICE

SOBRE MÍ

Si le dijese a la Dánae niña, "bilbilitana accidental", nacida en día 13 y con demasiado miedo como para irse de campamentos, todo lo que la vida le tenía reservado, creo que habría pensado que se confundía de persona.

Sin embargo, si en algo no estaba confundida era en mi pasión por la enseñanza. Recuerdo cómo mi madre decía siempre que tenía los muñecos más aplicados, porque me encantaba jugar a ser profe con ellos.

Aunque he de confesar que la Ciencia me tentó durante mi etapa en el instituto, finalmente aposté por estudiar aquello que siempre había soñado ser: maestra. Con mucha ilusión, comencé la universidad y, tras acabar la Diplomatura en Magisterio de Educación Primaria, decidí seguir formándome. Fue entonces cuando empecé a estudiar Magisterio de Lengua Extranjera.

Algo cambió en mí en ese momento. Si iba a ser maestra de inglés, necesitaba viajar y aprender de aquellas culturas. Y así comenzó mi aventura. Primero, como estudiante y profesora en el Reino Unido, y más tarde como maestra en Estados Unidos. Sin duda, el mejor regalo que me llevé fue la oportunidad de conocer otras costumbres y lugares, aprender otras metodologías y ver cómo era la crianza en las familias de esos países. Pero, mejor aún que todo eso son las personas que conocí (que son familia para mí) y todo el crecimiento personal que supuso.

Pasados unos años, sentí que era el momento de volver a mis raíces: mi familia y mi ciudad (quienes me conocen saben que soy una enamorada de Zaragoza). Por suerte, a mi vuelta pude compartir todo aquello que había aprendido. Trabajé en diferentes colegios hasta que en agosto del 2019 obtuve mi plaza como maestra de inglés. Aunque ese no iba a ser el único gran evento de aquel mes. Solo una semana más tarde de obtener la plaza nació Uxía, y con ella llegó otro título: me convertí en mamá. Una experiencia que pude volver a repetir dos años más tarde con la llegada de Iago.

En esta etapa como mamá y maestra, descubrí el universo de la primera infancia y, guiada por el libro que había escrito mi amiga Marta sobre provocaciones, empecé a indagar acerca de este tipo de propuestas. Poco a poco, ese juego fue evolucionando y me encontré preparando unas mesas temáticas que compartía por aquel entonces de manera privada en mis redes sociales. Al cabo de un tiempo y gracias a la insistencia de varias amigas, me lancé a crear mi cuenta: @flisateados. En ella, comparto públicamente todas las mesas Flisat que preparo tanto en casa, como en el colegio.

Tener la oportunidad de unir así los dos mundos que más me apasionan y ocupan mi vida a día de hoy: la docencia y la maternidad, me posibilita crear una atmósfera donde proyectar toda la creatividad que jamás fui consciente que tuviera.

Y cuando creía que no podía estar más agradecida a la vida, me veo escribiendo este libro en el que poder compartir todo este viaje y proceso creativo con vosotras y vosotros. Espero que lo disfrutéis tanto como yo.

EL APRENDIZAJE SENSORIAL

¿Alguna vez has vuelto a revivir aquel verano inolvidable al escuchar una canción? ¿O has recordado a una persona especial al oler un perfume? Seguro que también has vuelto a aquellos domingos en familia, en casa de tu abuelo y abuela, al saborear una receta que solían preparar. No hay duda de que los sentidos nos hacen regresar a momentos que atesoramos en nuestra memoria.

Entonces, ¡vamos!, ¡viajemos en el tiempo! Justo hasta el momento exacto de nuestro nacimiento. Es ahí cuando empezamos a recibir infinidad de estímulos, dando comienzo a un largo recorrido de aprendizaje e interacción. Al principio, nuestros sentidos se van a encargar de ayudarnos a sobrevivir. Nos permiten reconocer a nuestra madre por su olor, empezar a distinguir unas sombras con nuestra mirada o explorar mediante el tacto. Más adelante, ya seremos capaces no solo de recibir toda esa información de nuestro alrededor, sino también de interpretarla. De esta manera, tal y como explica la neurociencia, se crean unas conexiones tan fuertes en nuestros cerebros, que nos permiten recordarlo durante mucho más tiempo.

Y si esto es así, ¿por qué no incluirlos a la hora de adquirir conocimientos? Es curio-so cómo aspectos tan evidentes como el aprendizaje sensorial, la creatividad o el juego son los ejes sobre los que gira nuestra infancia y, sin embargo, quedan relegados a un segundo plano conforme crecemos. Quizás el hecho de haberme formado como maestra me ha ayudado a tenerlo

muy en cuenta. Tanto, que en el momento en el que también me convertí en madre, aposté por ello. Así pues, confío en que encontréis en este libro una fuente de inspiración para llevar a las mesas de aprendizaje y un sinfín de experiencias que les permitan manipular, experimentar, despertar su curiosidad, crear y jugar, mediante aquellos materiales que tenemos alrededor.

Hoy día atravesamos un momento social en el que necesitamos realzar el poder de la atención plena, conectarnos con lo manipulativo, dejar que la belleza de los materiales nos cautive y conseguir que nuestro cerebro esté activo para que nazca la motivación por aprender. Sobre esta idea de la motivación intrínseca, ya habló María Montessori. Ella destacaba el interés generado al aprender de una manera sensorial, ya que así se consigue disfrutar durante el maravilloso viaje del aprendizaje; en palabras textuales, ella decía que: "La capacidad de apreciar los matices en los estímulos refina la sensibilidad y multiplica el placer".

Por ese motivo, cuando he llevado a cabo una propuesta en una mesa temática, bien sea en el aula o en mi casa, me he centrado mucho en disfrutar de todo el proceso de su preparación: planteando el tema a tratar, colocando el material sobre la mesa Flisat para crear una atmósfera muy especial y, finalmente, observando sus interacciones y reacciones. Ese tiempo vale oro.

Además, he de decir que nuestros hijos e hijas, así como nuestros estudiantes, son el público más agradecido que podamos tener. Van a valorar mucho esta dedicación y esfuerzo que realizamos. Tal es así que estarán deseando poder ir a jugar a la mesa, descubrir las sorpresas que les hemos preparado en ella y compartir ese momento entre iguales. No se me ocurre una mejor manera de reforzar tan positivamente la relación entre el niño y el adulto.

Otra ventaja que se nos presenta es que, al ser una actividad pensada para ellos y ellas, les podemos ofrecer la posibilidad de descubrir y demostrar sus fortalezas. Ahora somos más conscientes que nunca de la aceptación de los diferentes ritmos de aprendizaje que se pueden dar y deseo que encontréis en estas páginas un recurso más con el que abordar una educación individualizada y respetuosa.

Ojalá que, tras leer este libro, os suceda como a mí y os veáis inmersos en explorar y disfrutar conjuntamente de una manera diferente y significativa de aprender.

CAPÍTULO 1

LA MESA FLISAT

Probablemente recuerdes una buena conversación en torno a una mesa, pero ¿qué te parece si te digo que una gran experiencia de aprendizaje también se puede generar en una mesa? Cuando nos regalaron la mesa Flisat en el año 2021, jamás pensé que me llevaría a desarrollar tanto la creatividad, ni a que fuese una herramienta con la que mis hijos, primero, y mis alumnos, después, pudiesen aprender. Por aquel entonces, me estaba iniciando en prepararle a mi hija mayor de 2 años un espacio donde el juego libre y la estética fuesen de la mano. Poco a poco, fui incluyendo otro tipo de elementos y materiales que me permitieron llegar al concepto de mesa temática o mesa de aprendizaje.

LA MESA FLISAT

Esta es una **mesa de experimentación** que podemos adquirir en el archiconocido gigante del mueble sueco. Muchas personas la adquieren porque la ven perfecta como un primer escritorio, ya que es de madera, sus cantos son redondeados y su altura es ideal para la primera infancia (su uso está recomendado a partir de los 18 meses). Sin embargo, las ventajas de utilizar esta mesa en el aula o en casa van mucho más allá. Si no, ¿por qué la describirían como mesa de experimentación? Para mí, ha supuesto un lugar donde despertar la curiosidad, dar cabida a un aprendizaje sensorial y en el que poder incluir material manipulativo. Y os preguntaréis entonces, ¿qué tiene esta mesa para que sea tan especial? La respuesta es sencilla. Como observáis en la imagen, esta mesa dispone de dos paneles blancos y a su vez, de dos huecos bajo estos en los que poder introducir bandejas o gavetas. Por tanto, utilizaremos esta mesa en dos niveles: la parte superior (sobre los paneles blancos) y la parte inferior (con las bandejas elegidas).

Con respecto a las **bandejas** que podemos encajar son el modelo Trofast, que podréis adquirir en la misma tienda que la mesa. Podéis encontrarlas en diferentes tamaños, profundidad y colores.

Voy a comienzar explicando cuántas bandejas podemos colocar en la mesa en función de su **tamaño**. Así pues, podemos trabajar en:

- 2 zonas (si escogemos las grandes, cada una de ellas en uno de los huecos de la mesa)

- 3 zonas (si combinamos 1 grande a un lado y dos pequeñas al otro)

- 4 zonas (si elegimos todas de tamaño pequeño, es decir 2 y 2 a cada lado).

Por lo tanto, a la hora de elegir cuántas bandejas colocar, tendréis que pensar en la propia propuesta. Por ejemplo, si vais a trabajar las cuatro estaciones, elegiréis la combinación que permite representar cada estación en una bandeja, colocando dos bandejas en el agujero izquierdo y otras dos en el derecho.

El siguiente aspecto a tener en cuenta al ir a comprar las gavetas es la **profundidad**. La mayoría de veces vamos a utilizar la profundidad estándar. Es una profundidad suficiente para poder trabajar en ella y permite que a la hora de estar sentados, no les choquen las piernas con la bandeja. Por el contrario, si vamos a plantear una actividad que requiere material más voluminoso, podemos decantarnos por el modelo de mayor profundidad.

En referencia al **color** veréis que hay una amplia gama donde elegir. Sin embargo, mi recomendación es que optéis por las de color blanco. Ayuda a centrar mejor la atención sobre el material presentado, el cual ya va a añadirle colorido a la propuesta.

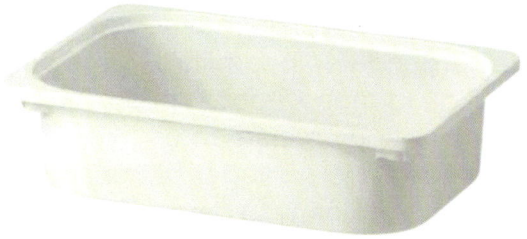

Por último, también me gustaría hablaros de dos modelos de gavetas menos conocidos:

El modelo de bandeja metálica, que nos permite poder usarlo a modo de colador, poder enlazar lanas o simplemente jugar con sus propiedades magnéticas.

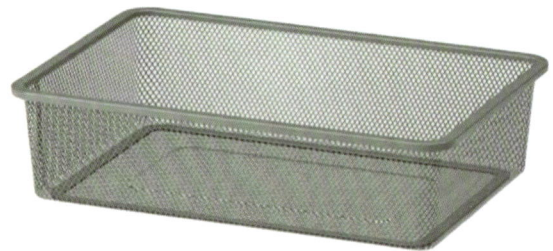

El modelo para organizar o clasificar del que veréis ideas de utilización en el capítulo que incluye las propuestas acompañadas de imágenes de las mesas temáticas.

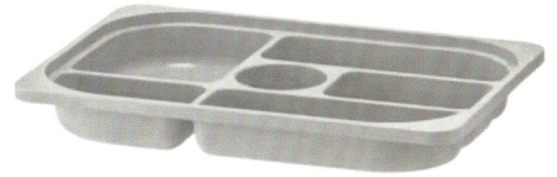

Sin duda, hacernos con un "fondo de armario" básico, nos va a permitir casi infinitas posibilidades de presentación.

No puedo acabar este apartado sin mencionar el último componente de esta mesa: los **insertos** para las bandejas. Fue gracias a las redes sociales y principalmente a cuentas extranjeras de países como Reino Unido, Canadá o Australia, donde descubrí este material. Pero, ¿qué son los insertos? Podría definirlo como una especie de "tapa" interactiva para las bandejas que a su vez nos permiten llevar a cabo actividades más específicas como clasificar, escribir, insertar... Casi siempre están hechas de madera, pero también las he visto en plástico. El problema con los insertos es que son tan específicos de este tipo de bandeja que es difícil encontrarlos en España

y adquirirlos en webs extranjeras hace que el precio sea demasiado elevado. Sin embargo, encontré una solución al problema y empecé a diseñar mis propios insertos en cartón y metacrilato para el cole y para casa. En caso de que queráis animaros a hacer las de cartón, os voy a compartir dos ideas para que os encajen en las bandejas a la perfección:

LA PRIMERA OPCIÓN

Fotocopiar una bandeja Trofast. El hueco de la bandeja saldrá de color negro en la fotocopia y es lo que utilizaremos como plantilla para nuestros insertos de cartón sobre los que podréis dibujar, crear formas para poder trasvasar o rellenar con diferentes bases, agujerear...

LA OTRA OPCIÓN:

Comprar la propia tapa de las bandejas Trofast y usarlas como plantilla sobre el cartón. Permitidme aquí que os desaconseje utilizar las tapas Trofast para jugar con la luz (introduciendo en la bandeja algún tipo de luz que no necesita enchufarse a la corriente eléctrica). Es una manera económica de crear algo similar a una mesa de luz, pero puede resultar dañino para la vista.

Eso sí, no seré yo quien limite a este modelo de mesa y sus bandejas el poder crear mesas de aprendizaje, especialmente en las escuelas donde el presupuesto muchas veces no nos permite este tipo de in-

versión. Siempre que tengamos una mesa y bandejas, podemos estar hablando de mesas de aprendizaje.

LAS MESAS TEMÁTICAS

He de confesaros que mi llegada a ellas fue de manera fortuita y bastante autodidacta. Cuando empecé a plantear propuestas sensoriales en casa, utilizaba solamente las bandejas de la mesa. En ellas, colocaba material para crear provocaciones, que tal y como define Marta Aguilar en su libro "Provocaciones", consisten en propuestas de juego libre, atractivas, sin un fin concreto y que son guiadas por el niño y sus propios intereses. Sin embargo, cada vez que mi hija dejaba de jugar, las bandejas quedaban tapadas y la mesa vacía, creando en mí una sensación de que estaba desaprovechada. Fue entonces cuando decidí colocar otros elementos sobre la mesa, tales como cuentos, material manipulativo, etc., no de manera arbitraria sino buscando un nexo que diera sentido al todo. De esta forma, comencé a pensar en un tema que pudiese enlazar todo el material que en ella había y empecé a plantear mis primeras mesas temáticas o de aprendizaje.

Por tanto, si tuviera que definir **qué es una mesa temática** lo haría de la siguiente manera: *es un espacio de aprendizaje que* *utiliza una mesa como soporte y en el que todos los elementos que en ella colocamos* *trabajan mediante diferentes materiales aspectos relativos a un mismo tema.*

Esta oportunidad de presentar el material así, nos abre un sinfín de temáticas a tratar convirtiendo las mesas temáticas en un estupendo aliado para aprender sobre lenguaje, matemáticas, ciencias, arte..., y a la vez nos permite trabajar muchas destrezas a través del material manipulativo que presentemos (motricidad fina, coordinación ojo-mano, escritura, lectura, conteo....), independientemente de la edad que tengan las personas a las que van dirigidas.

CAPÍTULO 2

¿CÓMO ORGANIZAR UNA MESA TEMÁTICA?

Ahora que ya tenemos claro qué son las mesas temáticas, paso a explicaros cómo transformar la mesa Flisat (o la mesa que tengáis a vuestra disposición) en una mesa de aprendizaje. Para ello, voy a tomar como símil aquella frase que dice que *un libro cobra vida cuando es leído*. Eso es lo que siento cada vez que voy a preparar una mesa temática en casa o en el colegio. La mesa puede estar ahí, pero si no sé cómo combinar una serie de elementos o qué aspectos tener en cuenta, podrá servir para muchas cosas, pero no para facilitar el aprendizaje. Es decir, será el soporte pero jamás el instrumento que nos permita alcanzar ese conocimiento.

MOMENTOS EN LA PREPARACIÓN DE UNA FLISAT

ELEGIR LA TEMÁTICA

COLOCAR LOS RECURSOS EN LA MESA

JUGAR Y OBSERVAR EL JUEGO

Cuando me vi preparando mis primeras mesas los pensamientos me desbordaban y me costaba encontrar la manera más efectiva de montarlas. Y es que diferencio tres momentos en la elaboración de una mesa de aprendizaje:

1. El primero es en el que voy a elegir la temática de la mesa, así como elaborar una lista con los materiales y actividades que me permitan trabajar ese tema.

2. El segundo momento es en el que voy a colocar todos esos recursos y materiales en la propia mesa.

3. Por último, está el momento en el que observo el juego que llevan a cabo los niños y niñas en ella.

Como veis, es muy difícil sacar el tiempo necesario para montar una propuesta del tirón, teniendo en cuenta el ritmo frenéti-

25

co en el que nos vemos atrapados a diario y las múltiples tareas que tenemos que atender a la vez. Pero teniendo claras las cuestiones que me debo plantear cuando decido montar una mesa de aprendizaje, será mucho más sencillo y conseguiréis optimizar el tiempo. Estos aspectos son:

- Dónde voy a llevar a cabo la mesa de aprendizaje

- A quién va dirigida la propuesta

- Qué tema quiero plasmar en ella

- Qué materiales puedo utilizar

Para asegurarme de que estos puntos quedaban bien analizados, decidí hacerme con una libreta en blanco que tenía en casa. En ella comencé a escribir todo lo que respondía a estas cuatro cuestiones de tal manera que me ayudaba a organizarme mucho mejor y así podía ir añadiendo cualquier idea que me fuese viniendo a la mente, sin temor a que pudiese caer en el olvido. Si creéis que también os puede ayudar, no lo dudéis y buscad una libreta, un cuaderno o incluso la aplicación de notas de vuestros dispositivos móviles para poder esbozar vuestra mesa de aprendizaje. Además, para facilitaros esta tarea, he

creado una plantilla que podéis descargar en el siguiente código QR y que espero que os guíe en la labor de diseñar vuestras propias mesas temáticas o que podáis encontrar cómo mejorarlas.

2.1. ¿EN QUÉ CONTEXTOS PODEMOS LLEVAR A CABO LAS MESAS TEMÁTICAS?

Esta es la primera cuestión que debemos pensar cuando nos planteamos preparar una mesa de aprendizaje. Y es que, los contextos hacen referencia a los lugares donde podemos utilizar las mesas de aprendizaje. Estos son diversos e incluyen, entre otros, las escuelas, los hogares, las bibliotecas, los centros de tiempo libre o los espacios destinados a la realización de talleres infantiles.

En mi caso me voy a centrar en los dos lugares en los que he utilizado la mesa Flisat que son **el aula y el hogar.** Mi objetivo es que al leer estas experiencias sintáis que es un cambio que podéis poner en marcha.

Comienzo compartiendo cómo las utilicé en **la escuela** con dos situaciones muy diferentes.

La primera llegó de la mano de un colegio público de la provincia de Zaragoza en el que trabajé como especialista de inglés en la etapa de Educación Infantil. En este edificio habían aprovechado algunas salas y zonas comunes del mismo para crear ambientes los cuales eran denominados "**talleres**".

Estos incluían el taller de atelier de arte, el de mesas de luz, el de construcciones, disfraces y, cómo no, trasvases.

Todos los grupos de Infantil (desde los 3 a los 6 años) pasaban semanalmente por algunos de estos espacios en las sesiones en las que nos encontrábamos en el aula tanto la tutora de infantil como la especialista de inglés, ya que dividíamos al grupo por la mitad (unos 10 niños aproximadamente en cada mitad).

Centrándome de nuevo en la zona de trasvases donde estaban las dos mesas Flisat, os voy a explicar qué encontraban al llegar. En este espacio se colocaba material para trasvasar dentro de las bandejas, concretamente arroz y cortezas de pino.

La actividad principal consistía en pasar de un recipiente a otro estas bases mediante el uso de utensilios de cocina como cuencos, ollas o cucharas. También tenían es-

27

cobas y recogedores de mano para que ellos mismos pudieran recuperar todo el material que hubiese caído al suelo una vez acababa la sesión. Os aseguro que era una zona donde disfrutaban mucho porque había juego simbólico cuando jugaban a ser cocineros, también había mucha concentración, ya que la coordinación ojo-mano era imprescindible para que todo cayese en el recipiente y, por supuesto, había mucha experimentación y método científico a través de ese espíritu curioso y del método ensayo-error.

Lo más sorprendente es que todo esto coincidió de manera paralela con el momento en el que en casa había empezado a preparar para mi hija mayor "las mesas bonitas", que es como ella se refería a las Flisat. Fue entonces cuando mis compañeras me animaron a encargarme de esta zona al siguiente curso y así poder introducir pequeños cambios en este taller.

Durante los siguientes años, en este espacio ya no solo se trasvasaba, sino que se empezaron a desarrollar muchas otras habilidades (ensartar, insertar, clasificar, contar, apilar...) mediante la incorporación de materiales diferentes y transformando este espacio con cierta frecuencia (tratábamos de presentar dos propuestas

diferentes al trimestre). Poco a poco conseguimos que este taller fuese más cambiante y enriquecedor.

Además, nos permitía tener mucha información a nivel social que sucede en el juego compartido: escuchar sus conversaciones, ser testigo de esas interacciones o ver cómo trabajaban en equipo para conseguir un mismo objetivo son ejemplos del regalo y el aprendizaje que me llevaba en esa sala.

Sin embargo, en 2023 llegó mi segunda experiencia al incorporarme al que es en la actualidad mi destino definitivo. Aunque también se trata de una escuela pública de la provincia de Zaragoza, tanto mi puesto como la etapa son diferentes. Soy tutora y especialista de inglés en primer ciclo de la etapa de Educación Primaria. Desafortunadamente, en este centro no dispongo de la mesa Flisat, pero como os he comentado ya, el modelo de la mesa no nos puede limitar a la hora de llevar este tipo de aprendizaje al aula. Cuando monté mi clase, me aseguré de buscar una mesa, en este caso, redonda, sobre la que coloqué unas bandejas con el fin de seguir ofreciendo la experiencia de las mesas temáticas a mi alumnado, aunque os confesaré que en alguna ocasión me he llevado mi propia Flisat al aula.

Aprovechando que en este centro llevamos a cabo propuestas muy interesantes, he ido introduciendo las mesas de aprendizaje en varias situaciones que os explico a continuación:

La primera de ellas nos presenta la mesa como la zona a la que poder acudir una vez acabamos la actividad principal planteada en la sesión. Es un "**rincón**" más del aula, como puede serlo el rincón de la calma, la biblioteca de aula o la zona de juegos de mesa. Allí encuentran material que nos permite reforzar aquello que estamos aprendiendo, combinado con otro tipo de propuestas más emocionales y reflexivas.

Por otro lado, la segunda idea nos ha permitido usar las mesas temáticas como una de las paradas de nuestras **estaciones de aprendizaje**. Para aquellos docentes y familias que no estéis familiarizados con este término, os voy a explicar brevemente en qué consisten. Son sesiones en las que cada equipo de la clase va rotando por las mesas. Allí encontrarán diferentes juegos que nos permiten practicar y repasar los contenidos trabajados semanalmente en las áreas de Lenguaje, Matemáticas o *Science*. Por eso, decidí que una estación la llevaría a cabo en la mesa de aprendizaje con otro tipo de material más manipulativo y con un tipo de juego mucho más libre y abierto.

A pesar de todo, soy consciente de que muchas de las personas que leéis este libro tenéis esta mesa **en casa,** que es ese segundo contexto que mencionaba un poco más arriba.

Estas mesas que vais a preparar en vuestro hogar van a ser diferentes y suponen un cambio de perspectiva, ya que el número de hijos e hijas que tenéis probablemente sea inferior al del alumnado que encontramos en el aula y además, suelen tener diferente edad. Este es mi caso: soy mamá de una niña y un niño que se llevan poco me-

nos de dos años entre ellos. En un futuro, sé que es una diferencia de edad que apenas se notará, pero creedme que preparar una mesa a la que ambos quieren ir a jugar, encontrándose en momentos evolutivos tan diferentes, ha sido todo un reto.

Con respecto a **dónde** poder colocar la Flisat en vuestras casas, no creo que tengáis duda alguna. Nadie mejor que vosotros y vosotras para saber el espacio del que disponéis: en un rinconcito en el salón, en el dormitorio, en la habitación de juegos, en la terraza… Así que aprovechad todas esas zonas en función de qué material o tema vais a preparar en ella.

Y sí, sé lo que estáis pensando: **¿cada cuánto** cambias la mesa en casa? La respuesta es fácil: cada vez que puedo. Es cierto que cuando comencé trataba de preparar una mesa a la semana, pero esto me fue generando una sensación de agobio que me llevó a replantearme esta obligación impuesta por mí. La crianza, las tareas de casa y el trabajo no siempre me permiten poder preparar todas las mesas que me gustaría, pero he aprendido a admitir que no se puede llegar a todo y que el número adecuado o la frecuencia con la que presentar una nueva propuesta es aquella con la que os sintáis a gusto.

Como veis, este primer aspecto nos ayuda a entender lo mucho que influye el contexto en la organización de las mesas de aprendizaje, ya que ni el tiempo del que disponen para jugar en ellas ni la cantidad de personas que van a disfrutar de la propuesta, es parecido en casa y en el colegio.

2.2 ¿HAY UNA EDAD RECOMENDADA?

Algo que me parece fundamental establecer aquí es que las mesas temáticas no tienen edad recomendada porque aprender es un proceso que nos acompaña toda la vida.

Aunque es cierto que, por el propio diseño de la mesa Flisat, podemos comenzar a preparar estas propuestas desde que una criatura es capaz de mantenerse en pie y podemos continuar ofreciendo experiencias hasta que esta mesa deje de ser cómoda para ellos. Pero podéis trasladar a otro lugar estas propuestas que sin lugar a dudas siguen teniendo potencial en edades más avanzadas.

Lo que sí que me gustaría es poder mostraros qué aspectos tener en cuenta para que podáis elegir los materiales más apropiados al momento evolutivo en el que se encuentran. Para ello, me voy a centrar en la denominada **etapa lúdica**, que comienza en torno al primer año de edad y que ya nos va a dar pistas sobre qué tipo de juego podéis llevar a las mesas temáticas. Dentro de esta etapa, podemos ofrecer actividades que les permitan:

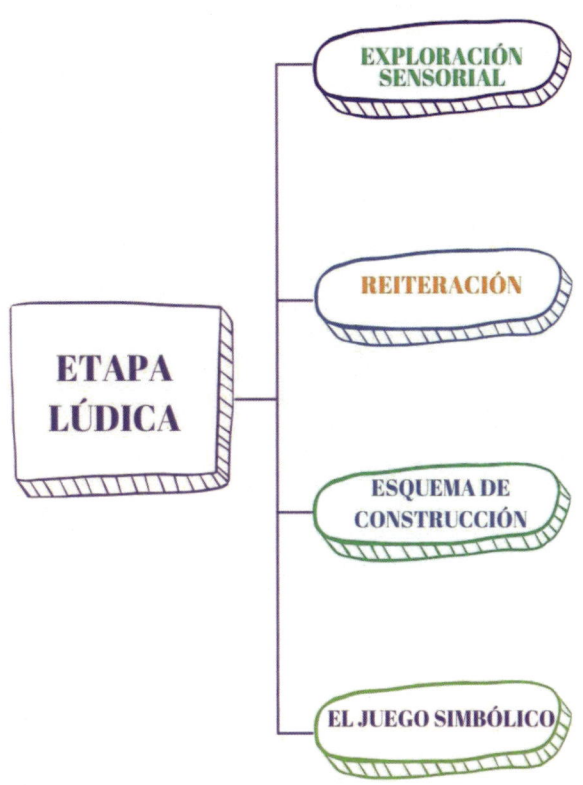

31

LA EXPLORACIÓN SENSORIAL

A pesar de que es el primer tipo de juego que van a tener siendo bebés, la exploración sensorial les va a seguir acompañando más adelante en su manera de jugar. A la hora de incluirlo en nuestras mesas temáticas, podemos escoger diferentes texturas, olores o sonidos que les permitan explorar e investigar. Al principio, utilizarán sus propias manos para jugar a llenar un recipiente con arroz, lentejas... y poco a poco, serán capaces de utilizar otro tipo de herramientas como palas de madera o cucharas.

LA REITERACIÓN

¿Cuántas veces habéis tenido que leer el mismo cuento una y otra vez? o ¿cuántas veces habéis tenido que recoger del suelo un juguete que no dejan de tirar? Esto ocurre porque la repetición genera nuevas conexiones neuronales más sólidas, es decir, el hecho de repetir esa acción les pro-

duce placer y por eso lo convierten en un juego. Cuando esto sucede, es maravilloso darles un espacio donde poder practicar y experimentar. Si lo lleváis a la mesa, les daréis una oportunidad estupenda donde ensayar sus propias hipótesis. Por ejemplo, podemos colocar un bol o un recipiente lleno (con agua, una base seca, pompones...), el cual podrán vaciar en una de las bandejas y que podrán llenar de nuevo una y otra vez.

Alrededor de los 3 años de edad, van a jugar mucho a construir, apilar o amontonar piezas. Esto también podemos llevarlo a la mesa Flisat como parte de una provocación en una bandeja o para recrear un minimundo. Para tal fin, podemos escoger material como bloques de madera, rodajas de árboles o simplemente material que podamos reutilizar como tapas de metal, el cartón de los rollos de papel higiénico, etc.

EL ESQUEMA DE CONSTRUCCIÓN

EL JUEGO SIMBÓLICO

El **juego simbólico** nos permite reproducir situaciones cotidianas. Si están en un momento en el que juegan a ser cocineros, podemos preparar una mesa en la que puedan cocinar. En una de las bandejas podéis colocar trozos de lana que pretenden ser espaguetis y a los que podemos añadirles cualquier otra guarnición (pompones rojos como tomate cherri, pompones verdes que simulan ser aceitunas…) Si además disponéis de una tapa de la bandeja Trofast, podéis usarla para recrear unos fogones y así tener el restaurante montado.

No hay duda de que en la mesa vais a poder ofrecer todo este tipo de experiencias y la oportunidad de experimentar para comprender.

Por último, quiero mencionar en este punto el tema de la supervisión (que no intervención), en especial, cuando estas mesas van dirigidas a niños muy pequeños. La supervisión debe existir por varios motivos:

- El más importante, por **seguridad**. Debemos evitar incluir elementos y materiales que puedan resultar peligrosos (alergias, intolerancias, intoxicaciones, obstrucciones…) Como adultos que supervisamos, necesitamos explicar antes de nada los límites. Por eso, os aconsejo que les expliquemos las normas de juego que hay en ella; por ejemplo, que el material que se presenta en la mesa tiene que permanecer en la mesa todo el tiempo (o en el límite espacial que determinéis). Os veréis repitiendo muchas veces frases como: *lo que hay en la mesa, se queda en la mesa*, pero llegará el día en el que esa norma esté interiorizada. Esto no tiene nada que ver con explicar cómo jugar con el material, eso es algo que vamos a evitar en todo momento para no limitar las posibilidades del mismo.

- El otro motivo es porque permanecer junto a ellos es un **momento de calidad y vínculo** del que podemos disfrutar. Seguro que lleváis a cabo muchas actividades, que no sean preparar mesas de aprendizaje. Pueden ser pasear por la naturaleza, cocinar juntos, leer cuentos, practicar un deporte …. No creo que haya un mejor regalo que podamos hacer a la infancia que el hecho de compartir tiempo de calidad y por ello, os doy las gracias.

34

2.3 ¿CÓMO ELIJO EL TEMA PARA MI MESA DE APRENDIZAJE?

Cuando comparto imágenes de las mesas de aprendizaje en redes, a menudo me encuentro con comentarios y mensajes en relación a si realmente juegan en ellas o las preparo solo para la foto, así como muchas preguntas relacionadas con cómo consigo que quieran ir a jugar. Mi respuesta es que sí, son propuestas preparadas con la finalidad de que sean jugadas y que cuido estéticamente. Por esta razón, en mis posts muestro tanto ese instante en el que todo está colocado cuidadosamente, como imágenes en plena acción mientras juegan (o "flisateando" como suelo escribir), eso sí, salvaguardando su identidad.

En este punto voy a explicaros diferentes maneras que he determinado a la hora de seleccionar un tema y llevarlo a la mesa. No son las únicas, pero sí son las que me han funcionado. También me gustaría deciros que no son excluyentes las unas de las otras, es decir, que podemos combinar varias de estas opciones a la hora de elegir la temática.

La más relevante, bajo mi punto de vista, es **elegir un tema que sea de su interés**. Para eso os recomiendo observar previamente su juego, ya que os va a ofrecer mucha información y conocimiento del niño. Así será muy sencillo conseguir que quieran acercarse a explorar e investigar a la mesa y que de una manera muy autónoma se esté construyendo el aprendizaje.

Otra manera de seleccionar la temática es elegir un **momento concreto del año** que queráis acercar a ellos de una manera muy interactiva y sensorial. Puede ser una estación del año, una festividad, un aspecto cultural....

También conseguiremos que el interés por jugar con la propuesta se despierte **a través del material seleccionado,** ya que le estamos facilitando poder practicar una destreza en la que está muy enfocado úl-

timamente y además le proporcionamos un espacio idóneo para realizarlo. Os pongo un ejemplo, si observáis que su juego se basa en colocar en fila todos los juguetes que tiene a su alcance podemos presentar materiales como pompones, piedras, etc., para que forme esas filas.

También me he encontrado con situaciones en las que un **recurso en sí** me ha gustado tanto que me ha servido para llevarlo a la mesa como tema. Con esto me refiero a libros, cuentos o álbumes ilustrados. De hecho, este fue uno de los primeros elementos que me llevó a preparar mesas temáticas por diferentes motivos:

- Aportan una carga visual mediante la ilustración que la hacen muy atractiva.

- Nos permite trabajar sobre el propio texto: contarles el cuento, conocer vocabulario e incluso nos puede permitir añadir valor plurilingüístico a la mesa si se trata además de un libro en otro idioma.

No me gustaría terminar este punto sin recalcar que **el tiempo que pasan jugando en ella** no siempre va a ser el mismo y que es un factor que no debe determinar el éxito de nuestra mesa. Esta es una cuestión que no depende ni del material, ni del tema. Esto se debe a que la capacidad de **atención que pueden prestar** va en función del momento madurativo en el que se encuentren. Cuanto mayor sea el grado de interés en el tema o material presentado, mayor será la atención y la concentración. Es entonces cuando vamos a conseguir que la mesa de aprendizaje sea considerada un refugio al que poder acudir para sentirse en calma y en el que llevar a cabo acciones por la propia iniciativa de los niños. Y es que a través de ese interés y deseo que sienten con el tema elegido, el tiempo que pasan jugando y experimentando en ella va en aumento.

Y ahora, solo queda buscar los materiales adecuados, que consigan que quieran venir a jugar y que permitan conocer a fondo el tema sobre el que aprender. ¿Os apuntáis a descubrirlos en el siguiente capítulo?

CAPÍTULO 3

¿QUÉ MATERIALES PUEDO LLEVAR A LA MESA?

Este es el último punto a tener en cuenta a la hora de montar vuestras Flisats. Eso sí, hay tantos materiales que se pueden llevar a la mesa que son dignos merecedores de tener su propio capítulo.

Empezaré contándoos que los materiales son aquello que les va a permitir investigar, provocar la curiosidad, experimentar, desafiar su creatividad y llegar de una manera muy autónoma y libre al propio conocimiento.

Os invito también a que elijáis materiales con los que os sintáis **capaces de lidiar.** Por ejemplo, si decido montar una mesa con una base de arroz, pero tengo poco tiempo para recoger o noto que mi energía hoy está ya bajo mínimos, quizás tenga que reservar esa propuesta para otro momento.

Como siempre digo, el zafarrancho es real y aunque les permitamos desarrollar su autonomía y sean parte activa en la tarea de recoger, queremos que esta experiencia sea de disfrute para todos: quienes la preparamos y quienes la juegan.

A la hora de **seleccionar los materiales** que podemos incluir para "flisatear" (o jugar en la mesa Flisat), vamos a partir del momento evolutivo y madurativo en el que se encuentran, sin importar la edad, para que sean lo más adecuados posible. Tener esto en mente me va a permitir trabajar unas determinadas destrezas adecuadas y al mismo tiempo evitar riesgos innecesarios para su salud (atragantamientos, obstrucciones, reacciones alérgicas, intoxicaciones, etc.).

Os recuerdo que en estas mesas temáticas vais a poder ofrecer muchísimos materiales, porque podéis utilizar los dos niveles que ofrece la mesa Flisat (superficie de la mesa y las gavetas). No olvidéis la máxima que dice que *cuanto más simple sea ese material que ofrecemos, más van a poder desarrollar su imaginación y creatividad.* Serán ellos quienes se encarguen de comprobar de manera muy espontánea todos los objetos y sus posibilidades de juego.

Una vez dicho esto, paso a clasificar diferentes materiales de acuerdo a sus características, ofreciéndoos algunos ejemplos para su utilización.

BASES SENSORIALES SECAS Y HÚMEDAS.

Las bases secas son un elemento fácil de encontrar en casa (no tenemos más que ir a la despensa). Principalmente son legumbres (garbanzos, lentejas, alubias...), pasta (macarrones, espirales, fideos...) o cereales (arroz, avena o harina), pero también pueden ser elementos que encontramos en los bazares como: pompones, troqueles de madera con diferentes formas, botones... sin olvidarnos de los elementos que encontréis en la naturaleza, por ejemplo: piedras, palitos u hojas.

Además de su bajo coste, otra de las ventajas que tienen estas bases es que ofrecen una gran variedad de colores. Normalmente, incluiréis bases de diferentes colores en la misma propuesta y es bastante probable que acaben mezcladas. Esto puede no suponer un problema a la hora de recoger y sencillamente las guardaremos mezcladas en un mismo envase hermético o bolsa zip. Por el contrario, en otras ocasiones vais a querer separarlas para próximos usos. Si esto sucede, os aconsejo que utilicéis bases de diferente tamaño y que os hagáis con utensilios como coladores o una centrifugadora de lechuga. Por ejemplo, si escogéis arroz, garbanzos y granos de café para rellenar una bandeja, su diferente tamaño me va a facilitar la tarea de separarlos sin que me lleve mucho tiempo, ni esfuerzo.

Muchas de estas bases secas de origen alimentario también son aptas para teñirlas y hacernos con un set de colores

40

que podrá formar parte de cualquier propuesta. Y recordad, aseguraros de que las personas que van a utilizarlas no corren ningún riesgo (alergias, intolerancias, atragantamiento...) a la hora de seleccionar estas bases o debido al proceso de teñido (hay que evitar productos que puedan ser tóxicos y emplear otros como el colorante alimentario).

Una de las maneras que más utilizaréis para jugar con las bases secas son los trasvases. Esta actividad consiste en traspasar el contenido de un recipiente a otro. Es un ejercicio que va a contribuir en tareas cotidianas que los niños realizan, como puede ser utilizar una jarra para llenar un vaso de agua.

Pasamos ahora a hablar de las **bases húmedas**. Algunos ejemplos que he utilizado en mis mesas temáticas son el agua, el hielo o las bolas de hidrogel, pero también podéis usar ooblek, nata, chocolate, yogur, espuma de afeitar...

El agua es un elemento que suele ser un acierto seguro y va a proporcionar un rato de juego y de mucho disfrute. Además es una estupenda opción para los días más calurosos, aunque recordad lo importante que es educar en un consumo responsable de este bien tan escaso.

A esta base húmeda también podemos añadirle colorante alimentario y darle un toque más misterioso a la actividad propuesta.

El hecho de incluir agua nos va a permitir trabajar conceptos como la flotabilidad o para verter en ella otro tipo de objetos (rodajas de naranja, semillas, hojas) y crear sus pócimas o sopas.

Otro beneficio del agua es que se puede presentar en diferentes estados y esto es genial para poder realizar experimentos en la mesa y trabajar la ciencia de una forma muy lúdica. ¡No sabéis lo que les sorprenderá y gustará!

Si os apetece trabajar con hielo, podéis congelar animales de juguete o pequeños objetos en moldes (nos sirve el molde para magdalenas del horno). Después tendrán que rescatar esos animales derritiendo el hielo utilizando pipetas, embudos o con agua a una temperatura más alta (pero que no queme).

Eso sí, analizar si vuestro estado de ánimo os permite disfrutar de la propuesta y no olvidéis colocar la mesa Flisat en un lugar apto para derrames de agua en el suelo.

INSERTOS Y BANDEJAS DE MADERA

Otros materiales que podemos incluir son los **insertos para las bandejas** (que ya mencioné en el capítulo donde presentaba la mesa Flisat) y las **bandejas de madera**.

La principal diferencia es que los **insertos** de madera tienen el tamaño para encajar en las gavetas y las **bandejas de madera** tienen formas específicas y tamaños diferentes que podremos colocar dentro de las gavetas o sobre las tapas blancas de la mesa. Además los insertos para las bandejas presentan una mayor variedad de destrezas y actividades a trabajar: tablas de lectoescritura, tablero de ciclos de vida, panel para clasificar, espejos...

Tal y como me pasó con los insertos, conocí las bandejas de madera con formas en el extranjero y cada vez son más los emprendedores que apuestan por este tipo de material aquí en España. También podéis echar un vistazo en tiendas y comercios donde adquirir menaje para la cocina, ya que si coincide con alguna festividad encontraréis bandejas con formas.

Las bandejas de madera nos permiten desarrollar mucho la creatividad al rellenarlas trasvasando diferentes tipos de bases sensoriales. Esta tarea es muy común en edades comprendidas entre los 3 y los 6 años. Para edades más avanzadas podéis utilizarlas para propuestas de lectoescritura (esconder en la bandeja bajo la base sensorial letras o sílabas con las que formar palabras...) o de lógico-matemática (esconder operaciones que tienen que resolver, números, formas geométricas que tienen que reconocer...).

Es cierto que ambas opciones suelen tener un coste elevado, ya que por lo general son productos artesanos que utilizan una materia prima (la madera) que es más cara que otras.

MATERIAL PARA MINIMUNDOS

Podemos definir como **minimundos** aquella propuesta de juego en la que el niño va a introducir diferentes elementos que le permitan recrear un escenario en particular, como puede ser un bosque, el espacio, un paisaje nevado... y poder proyectar en él su juego simbólico.

Esta es una actividad que puede ir en ambos niveles de la mesa: sobre las tapas blancas o en las bandejas. Para ello necesitaréis personajes (nins o peg dolls), animales de juguete, algún elemento natural (corteza de árbol, arena, palitos, piedras...) y todo aquello que consideréis que puede formar parte de vuestro minimundo (telas, césped artificial, construcciones...).

Hay muchas tiendas especializadas en este tipo de juguete o material no estructurado (juego o juguete que sirve para ser cualquier cosa) y aunque el coste pueda suponer una inversión, son juguetes que van a tener un largo recorrido. Esto se debe a que dependiendo del momento evolutivo en el que se encuentren, lo van a utilizar de diferente manera. Podéis aprovechar fechas señaladas como los cumpleaños, para haceros con un "fondo de armario juguetero" que les va a acompañar durante mucho tiempo.

MATERIAL PARA JUGAR CON LA LUZ

Sin lugar a dudas, **la mesa de luz y la luz negra** son otro material que le añade un halo mágico a las propuestas presentadas en las mesas de aprendizaje.

La **mesa de luz** es un recurso propio de la filosofía Reggio Emilia que permite trabajar sobre una base luminosa. Es un material que transforma la experiencia y que tiene un poder de concentración muy alto y con mucha estimulación sensorial.

Sobre la mesa de luz vais a poder llevar a cabo propuestas muy creativas e imaginativas en un ambiente muy relajado. Podremos añadir otros materiales traslúcidos que complementan este juego con la luz como los bloques, monedas o imprimir nuestras propuestas en papel de acetato.

Por otro lado, está la l**uz negra**, que ilumina en la oscuridad aquellos objetos que tengan colores fluorescentes. Sin embargo, hay que ser muy cautelosos si vais a introducir la luz negra al juego. Os dejo aquí algunas recomendaciones:

- Evita usarla especialmente con menores de 2 años, ya que los ojos son muy sensibles a la luz en esa etapa.

- La cantidad de tiempo a la que están expuestos no debería superar los 20 minutos.

- Tened en cuenta el espacio donde vais a desarrollar la propuesta y elegid bien la potencia de la fuente de iluminación de los focos o leds para que sea adecuada.

- La colocación de estos puntos de luz negra debe ser en lo alto, ni en el suelo ni en la propia mesa.

- Anticipa esta información, ya que la oscuridad puede generar miedo en algunas de las personas a las que va dirigida la propuesta y motívales a participar, sin obligar a nadie.

IMÁGENES Y RECURSOS IMPRIMIBLES

Otro material que suelo incluir en mis mesas son **las imágenes y los recursos imprimibles**.

Me gustaría presentaros el término de la **cuerda belleza.** Consiste en colocar imágenes sobre un mismo tema en una cuerda. La idea me gustó mucho y decidí que podía formar parte de mis mesas anudando un cordel a dos de las patas de la mesa Flisat. Las posibilidades que nos da son maravillosas tanto para fomentar la expresión oral, mediante una lluvia de ideas sobre lo que esperan encontrar en la mesa o el tema que les sugiere, así como indagar sobre sus conocimientos previos, sea cual sea la edad de los niños y niñas.

Por otro lado, los **imprimibles** son materiales elaborados que nos permiten trabajar actividades de lectura, escritura, memoria visual, trazo, numeración... Cada vez son más las cuentas que elaboran y comparten material de calidad para incluir en las mesas y así poder trabajar de una manera más completa y acorde a la edad de los niños y niñas. Incluso os animo a generar vuestros imprimibles y poder personalizar la experiencia de aprendizaje al máximo en el aula o en casa. Con herramientas sencillas como Canva, podréis crear cualquier tipo de material. Eso sí, si quieres que tengan una mayor duración, es mejor imprimirlas en cartulina blanca, ya que resistirán bastante mejor y además es una opción más sostenible, a la hora de reciclar, que un folio plastificado.

EL ÁLBUM ILUSTRADO

Hay que reconocer que el álbum **ilustrado** es un recurso muy visual y ya sabéis: *una imagen vale más que mil palabras*. Os recomiendo incluirlo por varios motivos.

Primero, os permite trabajar prácticamente cualquier temática, ya que podéis encontrar un sinfín de cuentos o álbumes ilustrados relacionados con un tema. Además, no hace falta que los compréis porque se pueden tomar prestados de las bibliotecas.

MATERIAL PARA TRABAJAR MATEMÁTICAS Y LENGUA

Seguro que has oído hablar de materiales Montessori o Waldorf, entre otros. Estos incluyen números, formas geométricas en 3D, tablas de conteo, alfabetos (letras mayúsculas, letras ligadas minúsculas), bandejas de arena para trabajar el trazo... Y es que conforme adquieren conocimientos, podéis ir introduciendo este tipo de material que permite practicar y comprender conceptos, mediante la manipulación.

Sé que ahora muchos de vosotras y vosotros vais a estar pensando que todo este material se acumula y habrá que guardarlo en algún sitio, el temido "coleccionismo pedagógico". Pues bien, para almacenar todo este tipo de recursos en vuestras casas y escuelas no hay una sola recomendación, pero os voy a dar algunas ideas que he utilizado y sigo utilizando:

- Carro de ruedas.

- Cajas de diferentes tamaños de plástico donde poder guardar bases sensoriales, herramientas o juguetes no estructurados.

- Fundas y sobres de plástico para los imprimibles. Además, los clasifico por temática (estaciones, festividades, tarjetas con palabras, ilustraciones...) lo cual me facilita mucho poder encontrar rápidamente lo que necesito cuando voy a montar la propuesta.

- Escurreplatos de madera para guardar las bandejas de madera con forma o los insertos.

- Cualquier cajón vacío y espacio que tengáis disponible en vuestros armarios.

No cabe duda de que hay mucho trabajo en la preparación de la mesa, pero también habrá propuestas más improvisadas y que son igual de aceptables. Por eso, me gustaría poner el foco sobre lo importante que es reflexionar acerca del material y el tipo de actividades que ofrecemos a los niños y niñas porque con las mesas de aprendizaje conseguimos añadir ese carácter lúdico alcanzando sus tres dimensiones: lo que ven en la mesa, lo que les permite aprender ese material y lo que subyace, que es lo que les va a ayudar a dar sentido a su mundo interno y a desarrollar su imaginación.

CAPÍTULO 4

¡A FLISATEAR! PROPUESTAS DE MESAS TEMÁTICAS

Como ya sabéis, cuando me embarqué en este universo de las mesas temáticas fue desde la perspectiva de la crianza. Sin embargo, tras leer mucho, formarme, coincidir con docentes maravillosas de las que pude (y puedo) aprender, he conseguido ir mejorándolas y perfeccionándolas. Aunque no os voy a negar que me habría encantado poder contar con un libro repleto de tantas ideas cuando comencé, también agradezco todo este camino de aprendizaje, evolución y descubrimiento que he recorrido junto a mis hijos y alumnos.

A continuación os encontraréis con ejemplos prácticos de mesas temáticas que he elaborado tanto en casa como en la escuela. Además de las imágenes, dispondrás del listado del material que hay en la mesa y/o bandejas, las destrezas que nos permite trabajar, las Competencia Clave e Inteligencias Múltiples que están involucradas y por último, los Objetivos de Desarrollo Sostenible (ODS) a los que puede contribuir.

Ya que son propuestas con un enfoque globalizador al abarcar más de un área y de una destreza, no se me ocurre mejor manera que presentarlas mediante un reto. ¿Me acompañas a llenar un año de mesas Flisat?

49

COPO DE NIEVE

MATERIALES EN LA MESA:

- Rodillo de copos de nieve.
- Recipientes.
- Sellos con motivos invernales.
- Plastilinas en tonos fríos.
- Salvamanteles con forma de copo de nieve.
- Lámina anatomía del copo de nieve.
- Pompones de fieltro.
- Piedras acrílicas brillantes.
- Casita pueblo de hadas.
- Palas de madera.

MATERIALES EN LAS BANDEJAS:

- Animales del ártico en moldes helados.
- Ecoflo.
- Base seca: garbanzos teñidos de azul.
- Piezas imantadas.
- Troqueles de copo de nieve de madera.
- Inserto tabla de Lectoescritura.
- Letras y números.

¿QUÉ DESTREZAS PODEMOS TRABAJAR?

- Lectoescritura: conciencia fonológica, número de letras y sílabas, reconocimiento imagen/palabra.

- Adquisición de vocabulario relacionado con el invierno.

- Desarrollo de la motricidad fina (trasvases, plastilina, estampación de sellos).

- Mejora de la capacidad de atención y concentración.

- Coordinación óculo-manual.

- Desarrollo de la creatividad y de la imaginación.

- Habilidades perceptivas mediante diferentes texturas y sonidos.

- Elaboración de hipótesis científicas: temperaturas y deshielo.

- Pensamiento lógico-matemático: construcciones, dentro-fuera, series y numeración.

COMPETENCIAS CLAVE:

- Comunicación lingüística.
- Matemática y en Ciencia y Tecnología (STEM).
- Plurilingüe (si decidimos trabajar en una segunda lengua).
- Emprendedora.
- Ciudadana.
- Intrapersonal.

INTELIGENCIAS MÚLTIPLES:

- Lingüística.
- Visual y espacial.
- Lógica y matemática.
- Naturalista.

ODS:

AURORAS BOREALES

MATERIALES EN LA MESA:

- Mesa de luz.
- Bandeja transparente.
- Base seca: lentejas negras.
- Abalorios traslúcidos con forma de estrella.
- Copos de nieve traslúcidos decorativos.
- Cuencos de madera en tono azul y morado.
- Discos metálicos de colores traslúcidos azules y morados.
- Proyector de imágenes, aurora boreal.

MATERIALES EN LA BANDEJA:

- Experimento tensión superficial - leche de colores
- Medio vaso de leche entera.
- Gotas de colorante líquido alimentario.
- Bastoncillos.
- Jabón líquido.

¿QUÉ DESTREZAS PODEMOS TRABAJAR?

- Adquisición de vocabulario relacionado con el invierno y las auroras boreales.
- Desarrollo de la motricidad fina (plastilina, estampación de sellos).
- Mejora de la capacidad de atención y concentración.
- Coordinación óculo-manual.
- Desarrollo de la creatividad y de la imaginación.
- Habilidades perceptivas mediante diferentes luces, texturas y sonidos.
- Elaboración de hipótesis científicas: experimento tensión superficial.
- Pensamiento lógico-matemático: dentro-fuera, clasificación por color, series y numeración.

COMPETENCIAS CLAVE:

- Comunicación lingüística.
- Matemática y en Ciencia y Tecnología (STEM).
- Plurilingüe (si decidimos trabajar en una segunda lengua).
- Emprendedora.
- Ciudadana.
- Conciencia y expresiones culturales.

INTELIGENCIAS MÚLTIPLES:

- Lingüística.
- Visual y espacial.
- Lógica y matemática.
- Naturalista.

ODS:

53

SAN VALENTÍN

MATERIALES EN LA MESA:

- Pompones de fieltro en tonos rojos, rosas y blancos.
- Piezas imantadas formando un corazón.
- Limpiapipas.
- Plastilina.
- Herramientas para plastilina y sellos con forma de corazón.
- Pétalos de rosa secos.
- Piezas sueltas de madera en los tonos de la festividad.

MATERIALES EN LA BANDEJA:

- Ecoflo.
- Granos de café.
- Vasos de café de cartón.
- Arena kinética.
- Pasta en forma de corazón.
- Piedras acrílicas brillantes.
- Garbanzos teñidos en rojo y rosa.
- Discos metálicos de colores traslúcidos y varita imantada.

¿QUÉ DESTREZAS PODEMOS TRABAJAR?

- Lectoescritura: conciencia fonológica, número de letras y sílabas, reconocimiento imagen/palabra.

- Adquisición de vocabulario relacionado con San Valentín.

- Desarrollo de la motricidad fina (plastilina, estampación de sellos).

- Mejora de la capacidad de atención y concentración.

- Coordinación óculo-manual.

- Desarrollo de la creatividad y de la imaginación.

- Habilidades perceptivas mediante diferentes olores, texturas y sonidos.

- Elaboración de hipótesis científicas: magnetismo y luz.

- Pensamiento lógico-matemático: construcciones, dentro-fuera, series y numeración.

- Juego simbólico.

FEBRERO

54

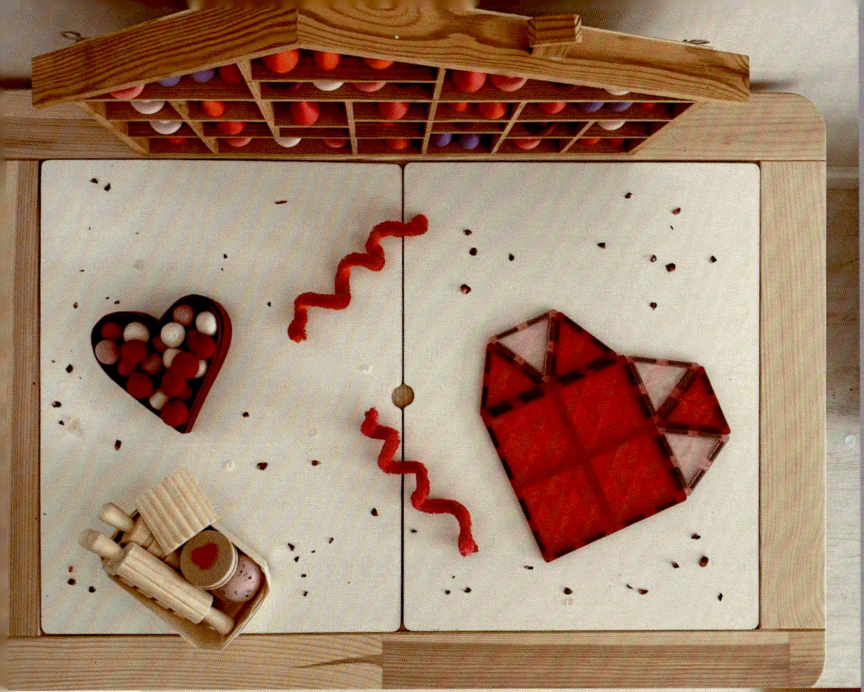

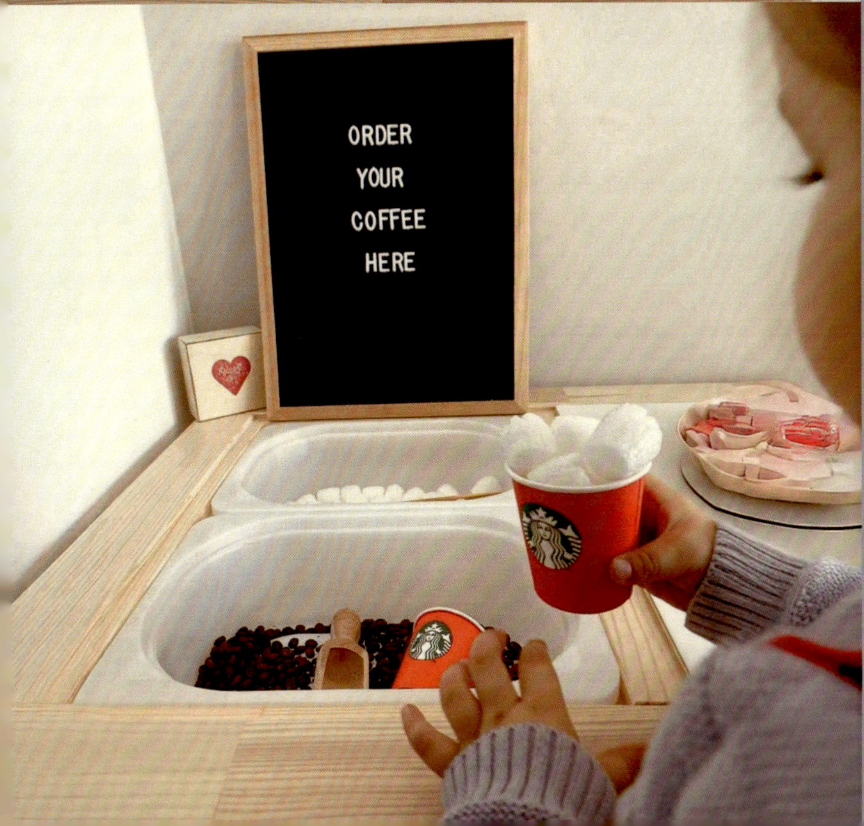
ORDER
YOUR
COFFEE
HERE

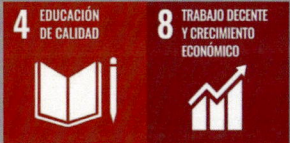

COMPETENCIAS CLAVE:

- Comunicación lingüística.
- Matemática y en Ciencia y Tecnología (STEM).
- Plurilingüe (si decidimos trabajar en una segunda lengua).
- Personal, social y de aprender a aprender.
- Emprendedora.
- Ciudadana.
- Conciencia y expresiones culturales.

INTELIGENCIAS MÚLTIPLES:

- Lingüística.
- Visual y espacial.
- Lógica y matemática.
- Intrapersonal.

ODS:

4 EDUCACIÓN DE CALIDAD
8 TRABAJO DECENTE Y CRECIMIENTO ECONÓMICO

DÍA DE LA NIÑA Y LA MUJER EN LA CIENCIA (11 de febrero)

MATERIALES EN LA MESA:

- Microscopio.
- Gafas de laboratorio.
- Lámina mujeres científicas.
- Almohadilla para sellos.
- Experimento reacción química de ácidos y bases
- Instrumentos de laboratorio: probeta, pipeta, matraz Erlenmeyer.
- Globo.
- Bicarbonato de sodio.
- Vinagre.
- Experimento colores primarios y secundarios
- Bloques traslúcidos.

MATERIALES EN LA BANDEJA:

Experimento de la radiación (Marie Curie):

- Dos fotocopias pegadas, una con el esqueleto y otra con el cuerpo de un ser humano.
- Bola de algodón.
- Gotas de aceite.
- Pinza de madera.

Experimento magnetismo:

- Bolas de fieltro.
- Abalorios con forma de estrella.

- Discos metálicos de colores traslúcidos y varita imantada.

¿QUÉ DESTREZAS PODEMOS TRABAJAR?

- Adquisición de vocabulario relacionado con la ciencia, así como el nombre de mujeres de relevancia científica.

- Desarrollo de la motricidad fina (trasvases, plastilina, estampación de sellos).

- Mejora de la capacidad de atención y concentración.

- Coordinación óculo-manual.

- Desarrollo de la creatividad y de la imaginación.

- Habilidades perceptivas mediante diferentes texturas y sonidos.

- Elaboración de hipótesis científicas: magnetismo, reacciones químicas, mezcla de colores primarios y observación al microscopio.

- Pensamiento lógico-matemático: seriación, formas geométricas y conteo.

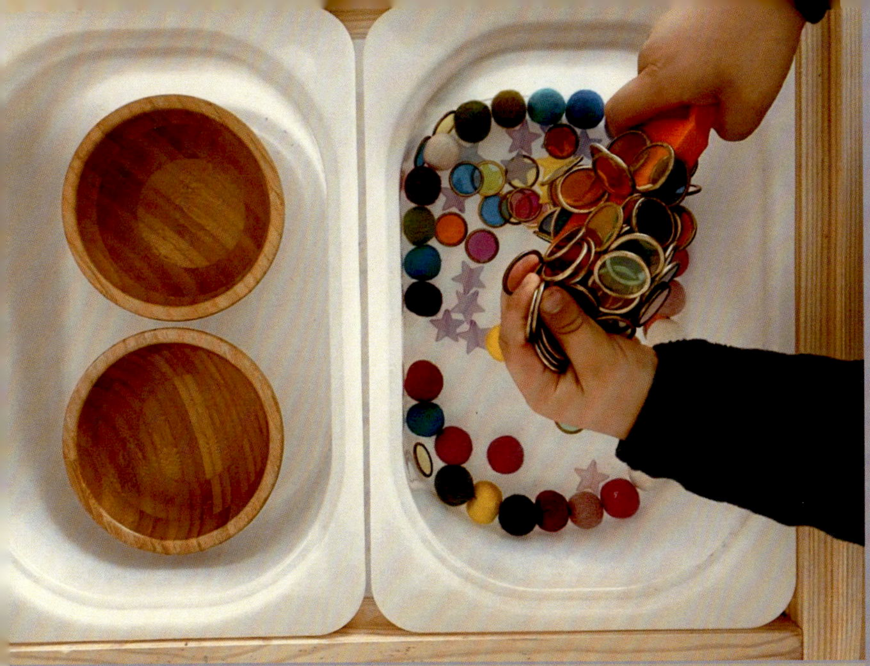

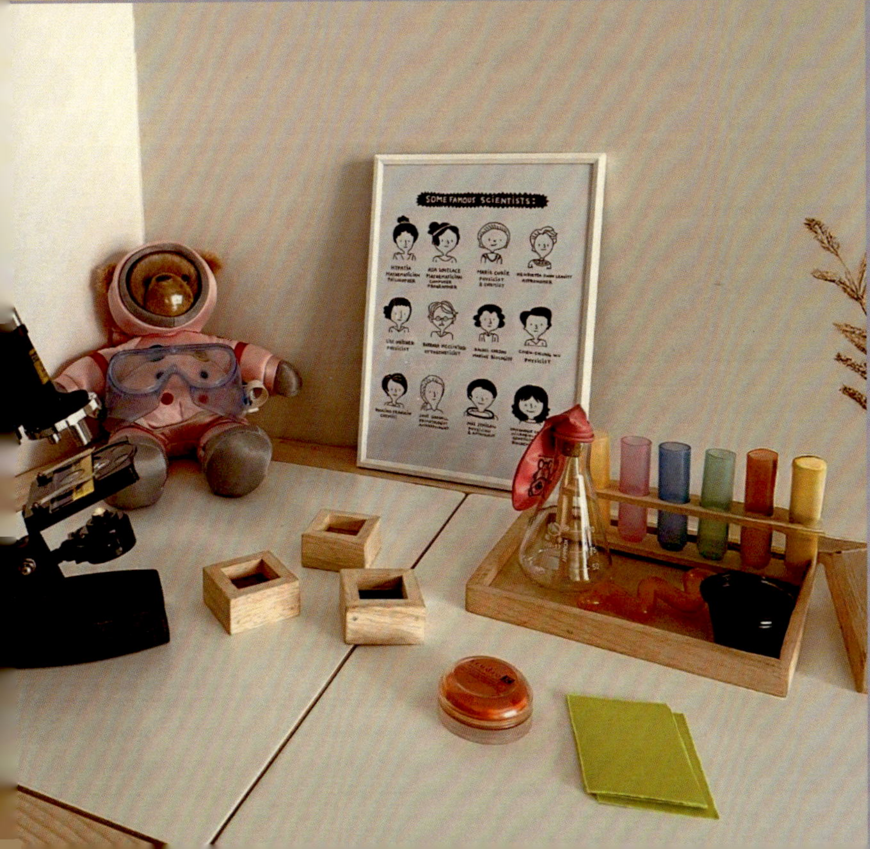

COMPETENCIAS CLAVE:

- Comunicación lingüística.
- Matemática y en Ciencia y Tecnología (STEM).
- Plurilingüe (si decidimos trabajar en una segunda lengua).
- Personal, social y de aprender a aprender.
- Emprendedora.
- Ciudadana.

INTELIGENCIAS MÚLTIPLES:

- Lingüística.
- Visual y espacial.
- Lógica y matemática.
- Naturalista.
- Intrapersonal.

ODS:

57

OCHO DE MARZO

MATERIALES EN LA MESA:

- Pañuelo de seda morado.
- Ilustración.
- Recipiente morado.
- Piezas sueltas en tono morado.
- Piedras acrílicas brillantes en tono lila y morado.
- Pompones.
- Limpiapipas.
- Depresores.
- Plumas.
- Nins o peg dolls.
- Tapones.

MATERIALES EN LA BANDEJA:

- Bandeja para clasificar.
- Arena kinética.
- Discos metálicos de colores traslúcidos.
- Varita imantada.
- Piezas magnéticas.

¿QUÉ DESTREZAS PODEMOS TRABAJAR?

- Desarrollo de la motricidad fina (trasvases, pinza, agarre, plastilina, estampación de sellos).

- Mejora de la capacidad de atención y concentración.

- Coordinación óculo-manual.

- Desarrollo de la creatividad y de la imaginación.

- Habilidades perceptivas mediante diferentes olores y texturas.

- Elaboración de hipótesis científicas: magnetismo.

- Pensamiento lógico-matemático: conteo, relación grafía-cantidad y números.

COMPETENCIAS CLAVE:

- Comunicación lingüística.
- Matemática y en Ciencia y Tecnología (STEM).
- Plurilingüe (si decidimos trabajar en una segunda lengua).
- Emprendedora.
- Ciudadana.
- Conciencia y expresiones culturales.

INTELIGENCIAS MÚLTIPLES:

- Lingüística.
- Visual y espacial.
- Lógica y matemática.
- Intrapersonal.

ODS:

4 EDUCACIÓN DE CALIDAD   5 IGUALDAD DE GÉNERO   10 REDUCCIÓN DE LAS DESIGUALDADES

DÍA DE LAS MATEMÁTICAS
(14 de marzo)

MATERIALES EN LA MESA:

- Cuento "¿Hay sitio?" (Edu Flores, Ed. Apila).
- Tablero de madera del geoplano.
- Tarjetas para formar figuras.
- Gomas elásticas de colores.
- Bloques traslúcidos.
- Imprimible: tarjetas con las formas geométricas.

MATERIALES EN LA BANDEJA:

- Inserto de espejo.

¿QUÉ DESTREZAS PODEMOS TRABAJAR?

- Lectoescritura: lectura del cuento.

- Desarrollo de la motricidad fina (agarre, pinza).

- Adquisición de vocabulario relacionado con las matemáticas: formas geométricas y simetría.

- Mejora de la capacidad de atención y concentración.

- Coordinación óculo-manual.

- Desarrollo de la creatividad y de la imaginación.

- Habilidades perceptivas mediante diferentes texturas y sonidos.

- Pensamiento lógico-matemático: orientación espacial, simetría y formas geométricas

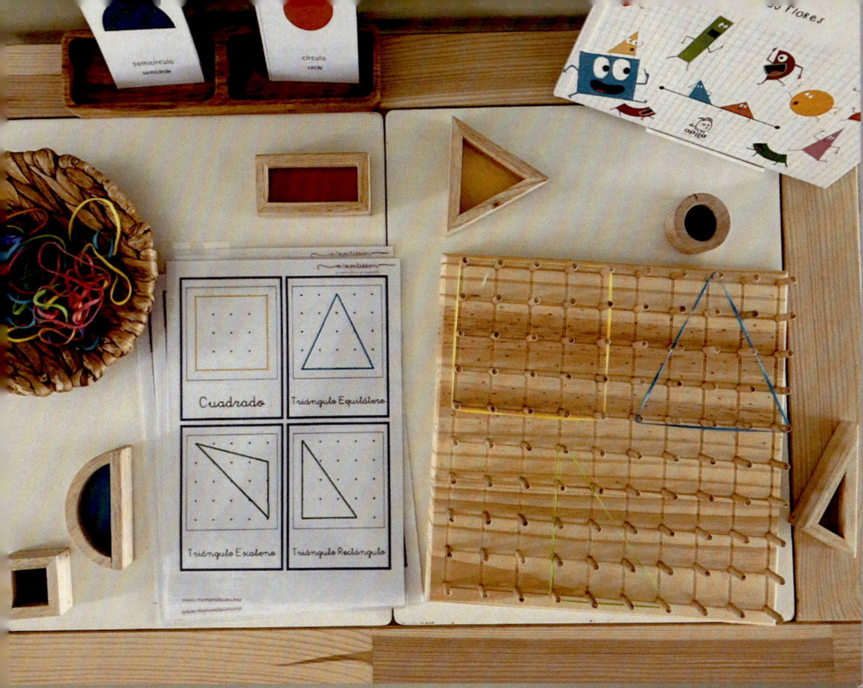

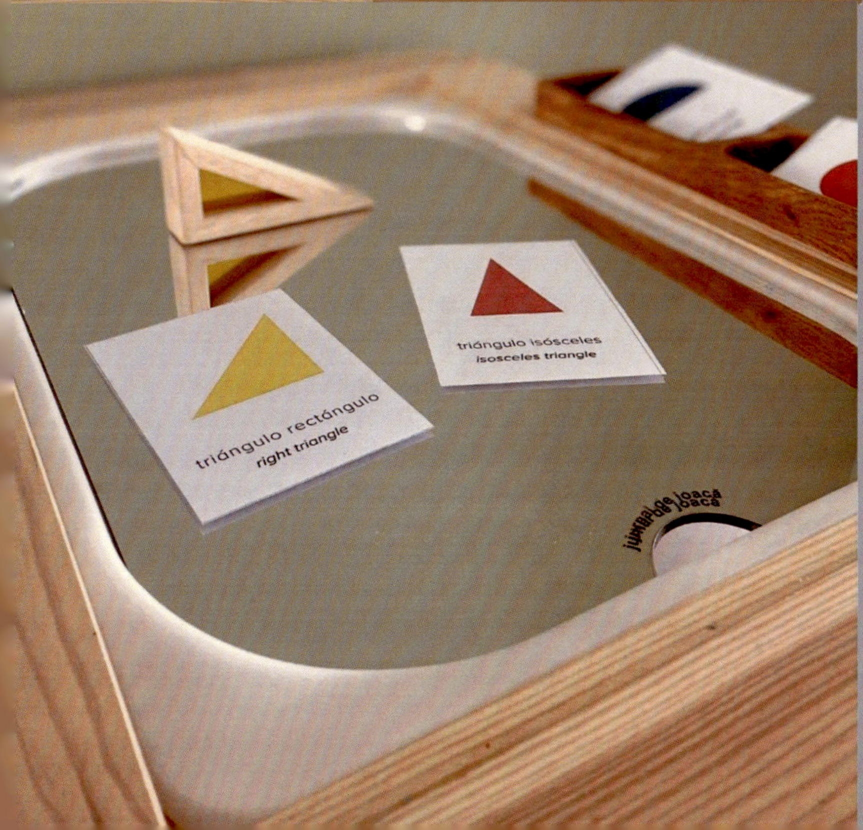

COMPETENCIAS CLAVE:

- Comunicación lingüística
- Matemática y en Ciencia y Tecnología (STEM).
- Plurilingüe (si decidimos trabajar en una segunda lengua).
- Emprendedora.
- Ciudadana.

INTELIGENCIAS MÚLTIPLES:

- Lingüística.
- Visual y espacial.
- Lógica y matemática.
- Intrapersonal.

ODS:

ST. PATRICK

MATERIALES EN LA MESA:

- Casa poblado de las hadas (tono verde).
- Nin o peg doll en tono verde.
- Piezas sueltas de los colores del arcoíris.
- Arcoíris hecho con limpiapipas.

MATERIALES EN LA BANDEJA:

- Bolas de hidrogel verdes.
- Monedas.
- Discos metálicos de colores traslúcidos y varita imantada.
- Tapones para clasificar por color.
- Cuencos con los tonos del arcoíris.
- Bolas de fieltro con los tonos del arcoíris.
- Piezas magnéticas con números.

¿QUÉ DESTREZAS PODEMOS TRABAJAR?

- Desarrollo de la motricidad fina (trasvase, agarre, pinza).

- Adquisición de vocabulario relacionado con esta festividad: trébol, duende, arcoíris, caldero...

- Mejora de la capacidad de atención y concentración.

- Coordinación óculo-manual.

- Desarrollo de la creatividad y de la imaginación.

- Habilidades perceptivas mediante diferentes texturas.

- Elaboración de hipótesis científicas: magnetismo y formación del arcoíris.

- Pensamiento lógico-matemático: series y conteo.

MARZO

COMPETENCIAS CLAVE:

- Comunicación lingüística.
- Matemática y en Ciencia y Tecnología (STEM).
- Plurilingüe (festividad celebrada en un país de habla inglesa).
- Emprendedora.
- Ciudadana.

INTELIGENCIAS MÚLTIPLES:

- Lingüística.
- Visual y espacial.
- Lógica y matemática.

ODS:

4 EDUCACIÓN DE CALIDAD

DÍA DE LA TIERRA

MATERIALES EN LA MESA:

- Lámina del clima.
- Bandeja de madera con forma de arcoíris.
- Pompones de fieltro.
- Plastilina.
- Sellos y herramientas para plastilina.
- Tiras de sol y planeta con trazos.
- Observatorio de nubes.
- Experimento condensación (estados y ciclo del agua):
- Bote con agua caliente.
- Plato.
- Cubitos de hielo.

MATERIALES EN LA BANDEJA:

- Inserto lectoescritura.
- Tarjetas del planeta.
- Tarjetas de conteo.
- Piezas sueltas en forma de gota de agua.
- Pasta en forma de nube.

¿QUÉ DESTREZAS PODEMOS TRABAJAR?

- Lectoescritura: conciencia fonológica, número de letras y sílabas, reconocimiento imagen/palabra.

- Adquisición de vocabulario relacionado con el planeta Tierra y el Desarrollo Sostenible.

- Desarrollo de la motricidad fina (trasvase, pinza, estampar sellos, plastilina).

- Mejora de la capacidad de atención y concentración.

- Coordinación óculo-manual.

- Desarrollo de la creatividad y de la imaginación.

- Habilidades perceptivas mediante diferentes texturas y sonidos.

- Elaboración de hipótesis científicas: estados del agua.

- Pensamiento lógico-matemático: series y conteo.

COMPETENCIAS CLAVE:

- Comunicación lingüística.
- Matemática y en Ciencia y Tecnología (STEM).
- Plurilingüe (si decidimos trabajar en una segunda lengua).
- Personal, social y de aprender a aprender.
- Emprendedora.
- Ciudadana.
- Conciencia y expresiones culturales.

INTELIGENCIAS MÚLTIPLES:

- Lingüística.
- Visual y espacial.
- Lógica y matemática.
- Naturalista.
- Intrapersonal.

ODS:

4 EDUCACIÓN DE CALIDAD

13 ACCIÓN POR EL CLIMA

65

PASCUA

MATERIALES EN LA MESA:

- Cuento "Adivina cuánto te quiero" (Sam McBratney. Ed. Kókinos).
- Huevitos de madera decorados.
- Conejitos de Pascua de tela.
- Inserto de cartón de conejito de Pascua.
- Zanahorias de cartón con gomets negros.
- Inserto de cartón con agujeros de colores.

MATERIALES EN LA BANDEJA:

- Pañuelo de seda verde o hierba artificial.
- Bandeja trofast de clasificación.
- Piezas sueltas en tonos pastel.

¿QUÉ DESTREZAS PODEMOS TRABAJAR?

- Lectoescritura: lectura del cuento.
- Adquisición de vocabulario relacionado con colores y número.
- Desarrollo de la motricidad fina (pinza, ensartar, insertar).
- Mejora de la capacidad de atención y concentración.
- Coordinación óculo-manual.
- Desarrollo de la creatividad y de la imaginación.
- Habilidades perceptivas mediante diferentes texturas.
- Elaboración de hipótesis científicas: clasificación de los animales según su alimentación.
- Pensamiento lógico-matemático: numeración y conteo.

ABRIL

COMPETENCIAS CLAVE:

- Comunicación lingüística.
- Matemática y en Ciencia y Tecnología (STEM).
- Plurilingüe (si decidimos trabajar en una segunda lengua).
- Personal, social y de aprender a aprender.
- Emprendedora.
- Ciudadana.
- Conciencia y expresiones culturales.

INTELIGENCIAS MÚLTIPLES:

- Lingüística.
- Visual y espacial.
- Lógica y matemática.
- Naturalista.
- Intrapersonal.

ODS:

4 EDUCACIÓN DE CALIDAD

67

PRIMAVERA

MATERIALES EN LA MESA:

- Libro: Zoología ilustrada (M. Carmen Soria. Ed. Mosquito).
- Tablero ciclo de vida.
- Lupa.
- Bote de observación.
- Pinzas traslúcidas.
- Miniatura ciclo de vida de la mariposa.

MATERIALES EN LA BANDEJA:

- Pañuelo de seda verde.
- Miniatura insectos.
- Lana para enrollar en la bandeja.
- Pinzas traslúcidas.
- Inserto de metacrilato DIY con agujeros.
- Bases secas: judías pintas y granos de maíz.
- Limpiapipas.
- Pala de madera.
- Flor de cartón.

¿QUÉ DESTREZAS PODEMOS TRABAJAR?

- Adquisición de vocabulario relacionado con la primavera.

- Desarrollo de la motricidad fina (trasvase, pinza, ensartar).

- Mejora de la capacidad de atención y concentración.

- Coordinación óculo-manual.

- Desarrollo de la creatividad y de la imaginación.

- Habilidades perceptivas mediante diferentes texturas y sonidos.

- Elaboración de hipótesis científicas: clasificación de los animales (insectos), ciclo de la vida, uso de instrumentos para la observación.

- Pensamiento lógico-matemático: series y conteo.

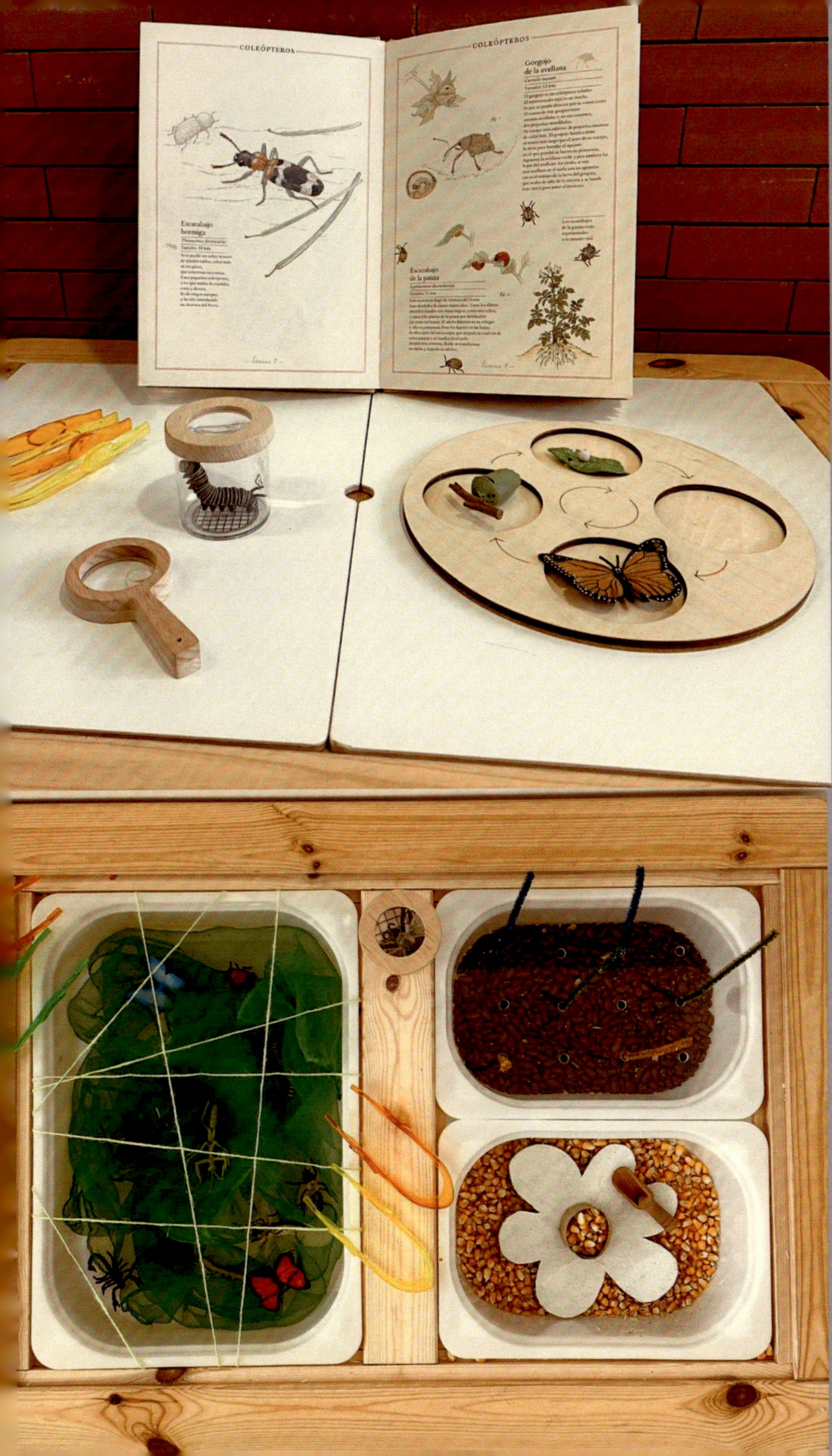

COMPETENCIAS CLAVE:

- Comunicación lingüística.
- Matemática y en Ciencia y Tecnología (STEM).
- Plurilingüe (si decidimos trabajar en una segunda lengua).
- Personal, social y de aprender a aprender.
- Emprendedora.
- Ciudadana.

INTELIGENCIAS MÚLTIPLES:

- Lingüística.
- Visual y espacial.
- Lógica y matemática.
- Naturalista.
- Intrapersonal.

ODS:

69

ABEJAS

MATERIALES EN LA MESA:

- Enciclopedia de los animales (National Geographic).
- Bandeja de madera con forma de abeja.
- Base seca: granos de café, garbanzos teñidos de amarillo y arroz.
- Panal DIY hecho con macarrones pegados con silicona.
- Cuchara de miel.
- Piezas hexagonales de silicona.
- Tiras de trazo con el vuelo de la abeja.

MATERIALES EN LA BANDEJA:

- Hueveras de cartón.
- Bol de cartón con granos de café y flores de papel.
- Granos de maíz.
- Enjambre con macarrones
- Algodón.
- Papel amarillo.
- Piezas sueltas con forma de colmena.

¿QUÉ DESTREZAS PODEMOS TRABAJAR?

- Adquisición de vocabulario relacionado con las abejas.
- Desarrollo de la motricidad fina (trasvase, pinza, agarre).
- Mejora de la capacidad de atención y concentración.
- Coordinación óculo-manual.
- Desarrollo de la creatividad y de la imaginación.
- Habilidades perceptivas mediante diferentes olores, texturas y sonidos.
- Elaboración de hipótesis científicas: la polinización y el papel de las abejas en nuestro planeta.
- Pensamiento lógico-matemático: series y conteo.

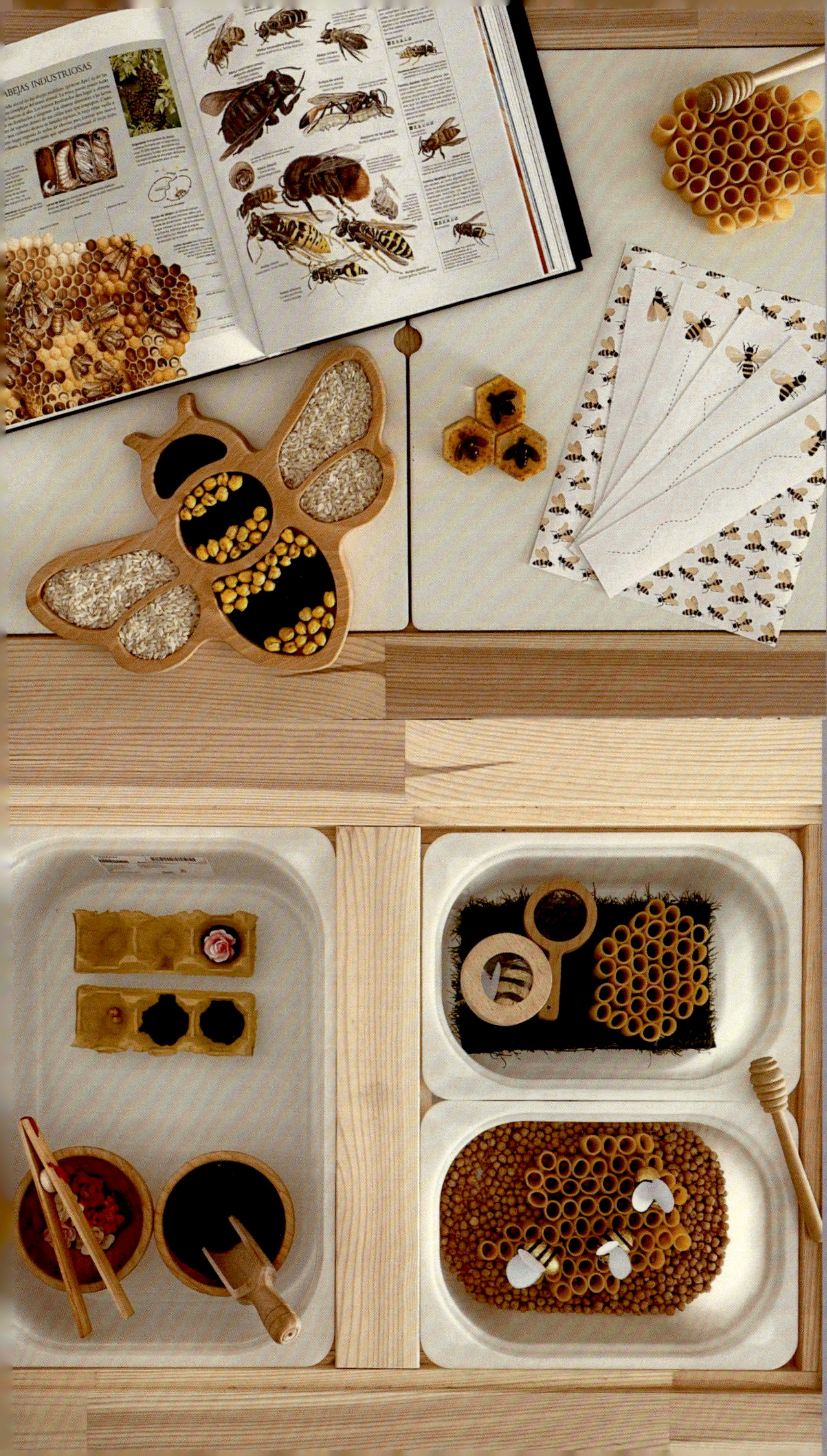

COMPETENCIAS CLAVE:

- Comunicación lingüística.
- Matemática y en Ciencia y Tecnología (STEM).
- Plurilingüe (si decidimos trabajar en una segunda lengua).
- Personal, social y de aprender a aprender.
- Emprendedora.
- Ciudadana.

INTELIGENCIAS MÚLTIPLES:

- Comunicación lingüística.
- Visual y espacial.
- Lógica y matemática.
- Naturalista.
- Intrapersonal.

ODS:

DÍA DE LOS MUSEOS
(18 de mayo)

MATERIALES EN LA MESA:

- Libros de arte de Van Gogh (Ed. Taschen).
- Álbum ilustrado "Frida" (Benjamin Lacombe, Ed. Edelvives).
- Base circular.
- Juego de Picasso arte creativo.
- Discos metálicos de colores traslúcidos azules y morados.
- Decoración con cuadros y Playmobil de pintores.
- Letras mayúsculas que forman la palabra "museo".
- Jarrón de cartón con agujeros.
- Girasoles de papel (material para manualidades).

¿QUÉ DESTREZAS PODEMOS TRABAJAR?

- Adquisición de vocabulario relacionado con el arte.
- Desarrollo de la motricidad fina (pinza, agarre).
- Mejora de la capacidad de atención y concentración.
- Coordinación óculo-manual.
- Desarrollo de la creatividad y de la imaginación.
- Habilidades perceptivas mediante diferentes texturas.
- Pensamiento lógico-matemático: formas geométricas, números y conteo.

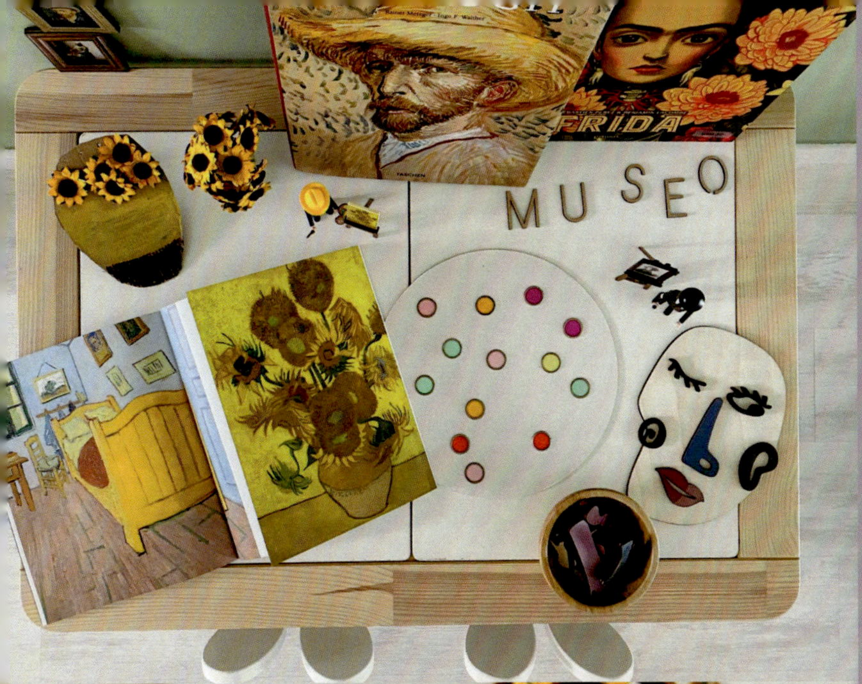

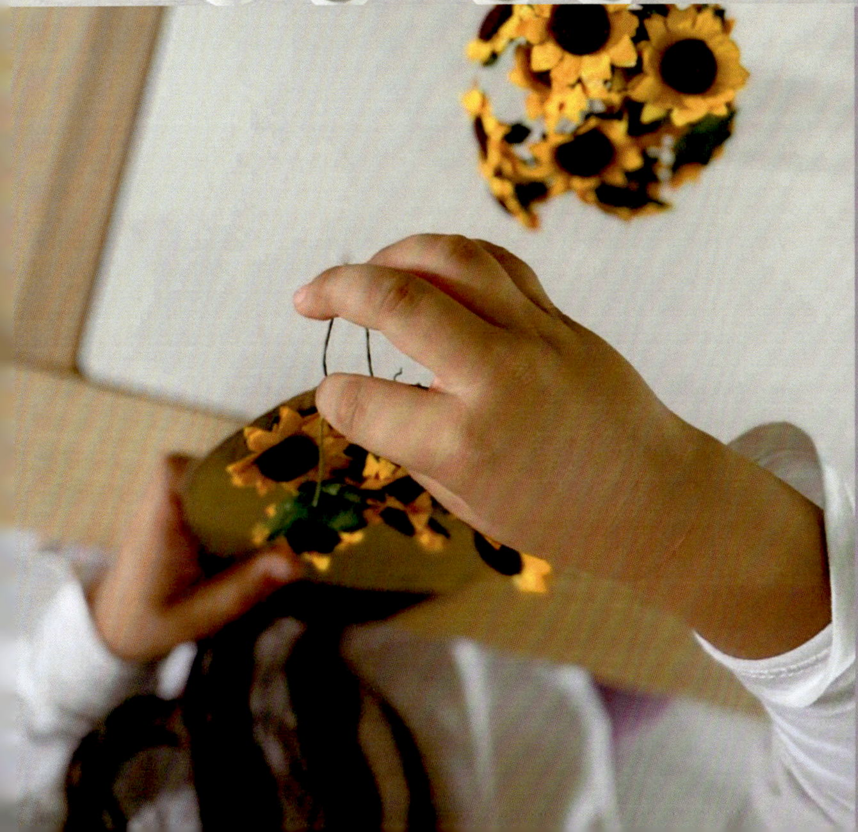

COMPETENCIAS CLAVE:

- Comunicación lingüística.
- Matemática y en Ciencia y Tecnología (STEM).
- Plurilingüe (si decidimos trabajar en una segunda lengua).
- Personal, social y de aprender a aprender.
- Emprendedora.
- Ciudadana.
- Conciencia y expresiones culturales.

INTELIGENCIAS MÚLTIPLES:

- Lingüística.
- Visual y espacial.
- Lógica y matemática.
- Intrapersonal.

ODS:

73

LEOTOLDA
(ambientada con luz negra)

MATERIALES EN LA MESA:

- Álbum ilustrado "Leotolda" (Olga de Dios. Ed. Apila).
- Formas de metacrilato en tonos flúor.
- Juguetes de ventosa y flexibles en tonos flúor.
- Pinturas flúor (témpera sólida y témperas líquidas).
- Papel para témpera y acuarela Fabriano.

¿QUÉ DESTREZAS PODEMOS TRABAJAR?

- Lectoescritura: lectura del cuento.

- Desarrollo de la motricidad fina (pinza, ensartar).

- Adquisición de vocabulario relacionado con los colores y materiales plásticos.

- Mejora de la capacidad de atención y concentración.

- Coordinación óculo-manual.

- Desarrollo de la creatividad y de la imaginación.

- Habilidades perceptivas mediante luz negra, diferentes texturas y colores.

- Pensamiento lógico-matemático: proporciones (esquema corporal), organización espacial.

COMPETENCIAS CLAVE:

- Comunicación lingüística.
- Plurilingüe (si decidimos trabajar en una segunda lengua).
- Personal, social y de aprender a aprender.
- Emprendedora.
- Ciudadana.
- Conciencia y expresiones culturales.

INTELIGENCIAS MÚLTIPLES:

- Lingüística.
- Visual y espacial.
- Lógica y matemática.
- Intrapersonal.

ODS:

4 EDUCACIÓN DE CALIDAD

DÍA INTERNACIONAL DE LOS DINOSAURIOS (1 de junio)

MATERIALES EN LA MESA:

- Cuento "Cuando sea grande" (Ella Bailey, Ed. SM).
- Cuento de cartoné "Dinosaurios del 1 al 10" (Margarita del Mazo, Ed. Jaguar).
- Huevo de dinosaurio mágico para incubar en agua.
- Frasco con agua.
- Nido de paja.
- Juego 3 en raya: bandeja 3x3, piezas de madera de dinosaurio y equis.
- Letras de madera para formar la palabra "dinos".
- Nido con huevos de dinosaurios de madera.
- Pegatinas de dinosaurios.
- Peluche de dinosaurio.

MATERIALES EN LA BANDEJA:

- Material para crear minimundo jurásico:
- Base de césped artificial.
- Elementos naturales: piñas, ramitas, rodajas de tronco.
- Árboles de madera.
- Figuras de madera de dinosaurios.
- Arena kinética.
- Moldes partes del esqueleto del dinosaurio.

- Kit de excavación paleontológico de dinosaurio.

¿QUÉ DESTREZAS PODEMOS TRABAJAR?

- Lectoescritura: lectura de los cuentos y conciencia fonológica.
- Adquisición de vocabulario relacionado con los dinosaurios.
- Desarrollo de la motricidad fina (pinza, agarre).
- Mejora de la capacidad de atención y concentración.
- Coordinación óculo-manual.
- Desarrollo de la creatividad y de la imaginación.
- Habilidades perceptivas mediante diferentes texturas.
- Elaboración de hipótesis científicas: la eclosión del huevo.
- Pensamiento lógico- matemático: números y tamaño.

COMPETENCIAS CLAVE:

- Comunicación lingüística.
- Matemática y en Ciencia y Tecnología (STEM).
- Plurilingüe (si decidimos trabajar en una segunda lengua).
- Emprendedora.
- Ciudadana.

INTELIGENCIAS MÚLTIPLES:

- Lingüística.
- Visual y espacial.
- Lógica y matemática.
- Naturalista.
- Intrapersonal.

ODS:

4 EDUCACIÓN DE CALIDAD

15 VIDA DE ECOSISTEMAS TERRESTRES

FLORES

MATERIALES EN LA MESA:

- Papel kraft o continuo para forrar la mesa.
- Flores, pétalos y hojas naturales.
- Prensa de flores.
- Papel para témpera y acuarela Fabriano.
- Témpera líquida.
- Paleta para témpera.

MATERIALES EN LA BANDEJA:

- Inserto de cartón con agujeros.
- Flores artificiales.
- Guijarros.
- Pegatinas de flores.
- Letras de resina para formar la palabra "flores".

¿QUÉ DESTREZAS PODEMOS TRABAJAR?

- Lectoescritura: conciencia fonológica.
- Adquisición de vocabulario relacionado con las flores y los colores.
- Desarrollo de la motricidad fina (pinza, agarre).
- Mejora de la capacidad de atención y concentración.
- Coordinación óculo-manual.
- Desarrollo de la creatividad y de la imaginación.
- Habilidades perceptivas mediante diferentes texturas.
- Elaboración de hipótesis científicas: secado de flores en la prensa.
- Pensamiento lógico-matemático: números y series.

COMPETENCIAS CLAVE:

- Comunicación lingüística.
- Matemática y en Ciencia y Tecnología (STEM).
- Plurilingüe (si decidimos trabajar en una segunda lengua).
- Emprendedora.
- Competencia personal, social y de aprender a aprender.
- Ciudadana.
- Conciencia y expresiones culturales.

INTELIGENCIAS MÚLTIPLES:

- Lingüística.
- Visual y espacial.
- Lógica y matemática.
- Naturalista.
- Intrapersonal.

ODS:

4 EDUCACIÓN DE CALIDAD

15 VIDA DE ECOSISTEMAS TERRESTRES

BLUEY

MATERIALES EN LA MESA:

- Casita poblado de hadas en tono azul.
- Bloques traslúcidos en color azul.
- Base seca: garbanzos teñidos de azul.
- Personajes de Bluey (Bluey y Bandit).
- Plastilina azul.
- Herramientas de madera y plástico.
- Imprimible clasificación de colores (azul).
- Elementos traslúcidos.
- Peces traslúcidos.
- Piedras de cristal.
- Piezas sueltas de madera en tonos azules.
- Piedras acrílicas brillantes.
- Letras de madera con la palabra "Bluey".
- Piezas de construcción magnéticas.

MATERIALES EN LA BANDEJA:

- En esta propuesta utilizaremos todo el material expuesto en la mesa para poder llevar a cabo diversas actividades en la bandeja como: minimundos, provocaciones, jugar con la plastilina...

¿QUÉ DESTREZAS PODEMOS TRABAJAR?

- Lectoescritura: conciencia fonológica.
- Adquisición de vocabulario relacionado con el color azul.
- Desarrollo de la motricidad fina (pinza, agarre).
- Mejora de la capacidad de atención y concentración.
- Coordinación óculo-manual.
- Desarrollo de la creatividad y de la imaginación.
- Habilidades perceptivas mediante diferentes texturas.
- Pensamiento lógico-matemático: tamaño, conteo y series.
- Juego simbólico.

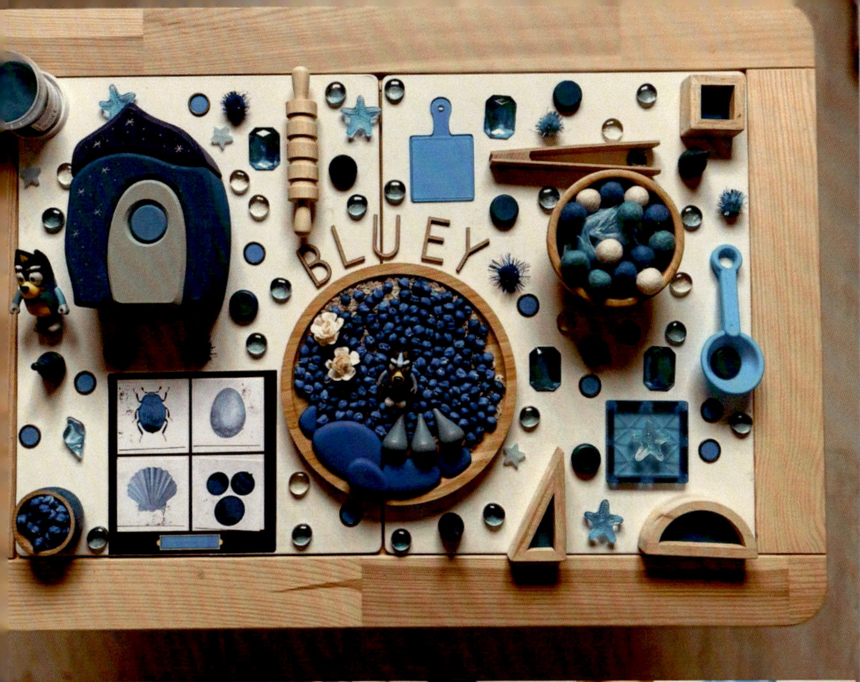

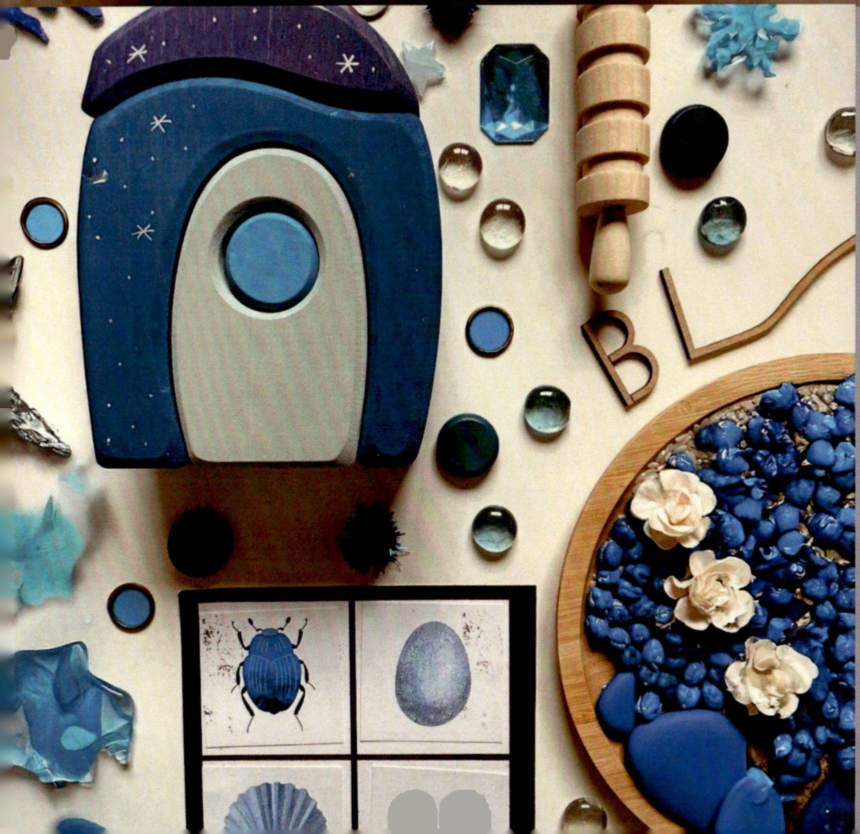

COMPETENCIAS CLAVE:

- Comunicación lingüística.
- Matemática y en Ciencia y Tecnología (STEM).
- Plurilingüe (si decidimos trabajar en una segunda lengua).
- Emprendedora.
- Ciudadana.

INTELIGENCIAS MÚLTIPLES:

- Lingüística.
- Visual y espacial.
- Lógica y matemática.
- Naturalista.
- Intrapersonal.

ODS:

UNIVERSO

MATERIALES EN LA MESA:

- Cuento "¡A la luna!" (Ed. Combel).
- Bandejas de madera con forma de estrella y de cohete.
- Base seca: lenteja negra.
- Piedras de cristal.
- Estrellas traslúcidas.
- Herramientas para trasvasar.
- Bol de madera.
- Juego sistema solar con tarjetas de los cuerpos celestes.
- Letras de resina con la palabra "espacio".

MATERIALES EN LA BANDEJA:

- Bases secas: alubia pinta y negra.
- Miniaturas del espacio.

¿QUÉ DESTREZAS PODEMOS TRABAJAR?

- Lectoescritura: lectura del cuento y conciencia fonológica.
- Adquisición de vocabulario relacionado con el espacio.
- Desarrollo de la motricidad fina (trasvase, pinza, agarre).
- Mejora de la capacidad de atención y concentración.
- Coordinación óculo-manual.
- Desarrollo de la creatividad y de la imaginación.
- Habilidades perceptivas mediante diferentes texturas.
- Elaboración de hipótesis científicas: capacidad de los recipientes.
- Pensamiento lógico-matemático: conteo, números ordinales.
- Juego simbólico.

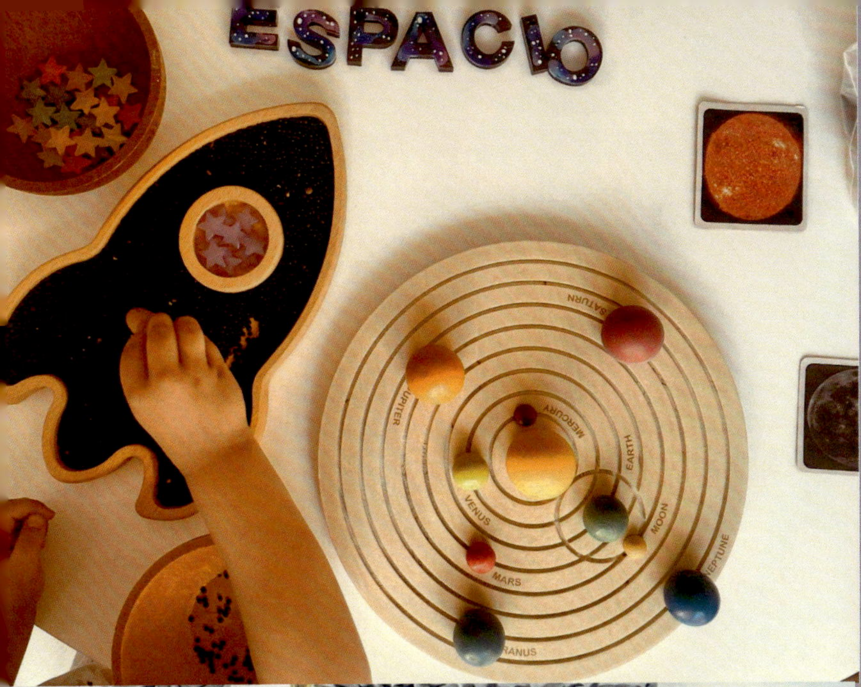

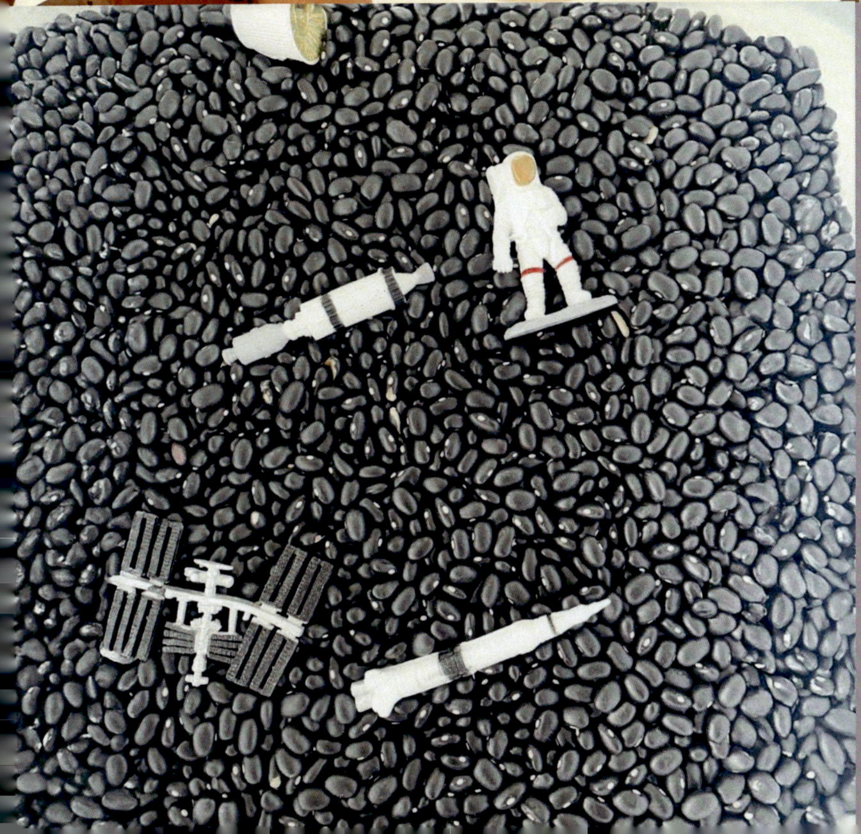

COMPETENCIAS CLAVE:

- Comunicación lingüística.
- Matemática y en Ciencia y Tecnología (STEM).
- Plurilingüe (si decidimos trabajar en una segunda lengua).
- Emprendedora.
- Competencia personal, social y de aprender a aprender.
- Ciudadana.

INTELIGENCIAS MÚLTIPLES:

- Lingüística.
- Visual y espacial.
- Lógica y matemática.
- Naturalista.
- Intrapersonal.

ODS:

ALICIA EN EL PAÍS DE LAS MARAVILLAS

MATERIALES EN LA MESA:

- Cuento "The nursery Alice" (Lewis Carroll, Ed. MacMillan).
- Juego de té.
- Comidita de juguete para la fiesta del té.
- Banderines.
- Naipes tamaño XL.
- Tarjetas con ilustraciones del cuento.
- Cajas en forma de corazón.
- Cuencos con pétalos de rosa secos y bicarbonato teñido con colorante.
- Corazones de goma eva.
- Juego de la decena.

MATERIALES EN LA BANDEJA:

- Inserto de experimentación de mezclas.
- Herramientas para mezclar y remover.
- Recipientes.
- Bandeja de madera con letras y números de madera.
- Tarjetas para lectoescritura de Alicia en el País de las maravillas.
- Inserto tabla lectoescritura.

¿QUÉ DESTREZAS PODEMOS TRABAJAR?

- Lectoescritura: lectura del cuento, conciencia fonológica, escritura.
- Adquisición de vocabulario relacionado con los símbolos de la historia.
- Desarrollo de la motricidad fina (trasvasar, pinza, agarre).
- Mejora de la capacidad de atención y concentración.
- Coordinación óculo-manual.
- Desarrollo de la creatividad y de la imaginación.
- Habilidades perceptivas mediante diferentes texturas.
- Elaboración de hipótesis científicas: mezclas.
- Pensamiento lógico-matemático: conteo, reconocimiento grafía-cantidad
- Juego simbólico.

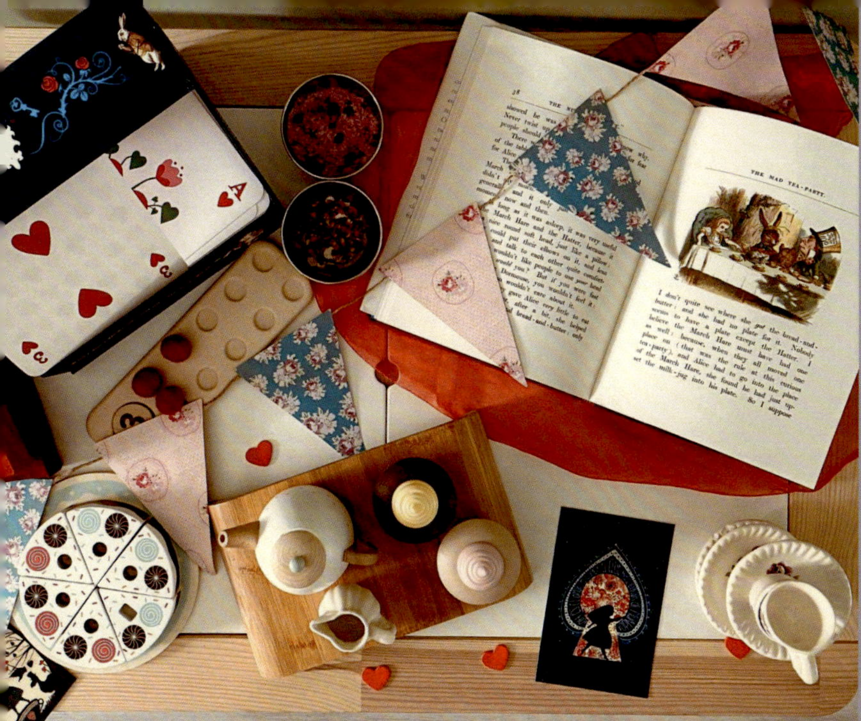

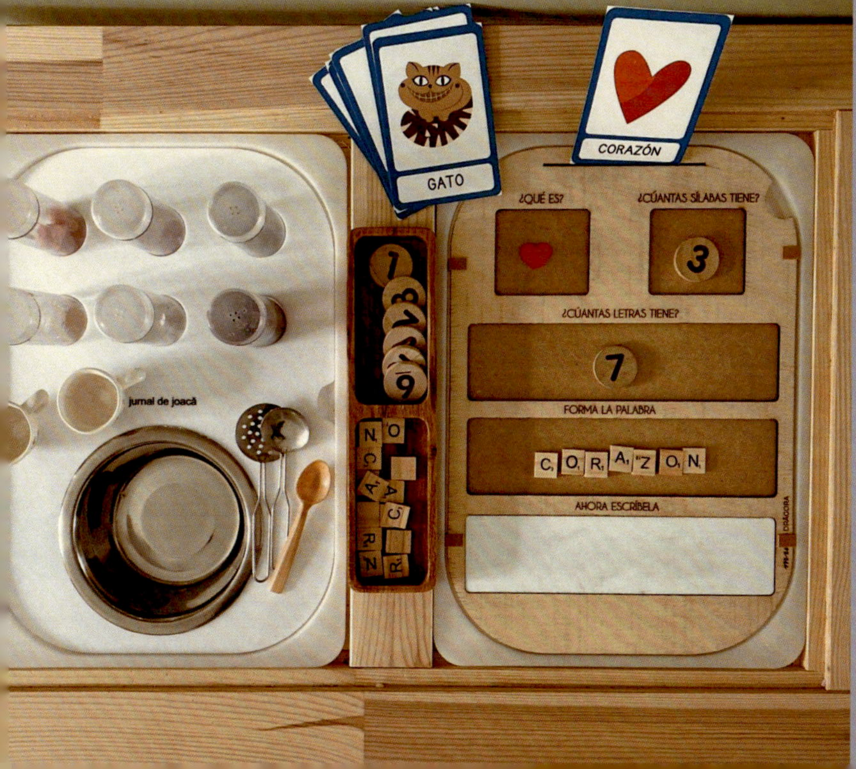

COMPETENCIAS CLAVE:

- Comunicación lingüística.
- Matemática y en Ciencia y Tecnología (STEM).
- Plurilingüe (si decidimos trabajar en una segunda lengua).
- Emprendedora.
- Competencia personal, social y de aprender a aprender.
- Ciudadana.
- Conciencia y expresiones culturales.

INTELIGENCIAS MÚLTIPLES:

- Lingüística.
- Visual y espacial.
- Lógica y matemática.
- Naturalista.
- Intrapersonal.

ODS:

85

HELADOS

MATERIALES EN LA MESA:

- Cuento "Antes y Después" (Ed. Combel).
- Mesa de luz.
- Juguetes de helados.
- Bloques traslúcidos.
- Cesta.

MATERIALES EN LA BANDEJA:

- Bandeja clasificadora.
- Imprimible helados y series con helados.
- Imprimible helados con números.
- Base seca: arroz.
- Bandeja con forma de helado.
- Pala de madera.

¿QUÉ DESTREZAS PODEMOS TRABAJAR?

- Lectoescritura: lectura del cuento.
- Adquisición de vocabulario relacionado con los helados.
- Desarrollo de la motricidad fina (trasvasar, pinza, agarre).
- Mejora de la capacidad de atención y concentración.
- Coordinación óculo-manual.
- Desarrollo de la creatividad y de la imaginación.
- Habilidades perceptivas mediante la luz.
- Elaboración de hipótesis científicas: los colores secundarios.
- Pensamiento lógico-matemático: conteo, números ordinales, reconocimiento de grafía-cantidad.
- Juego simbólico.

COMPETENCIAS CLAVE:

- Comunicación lingüística
- Matemática y en Ciencia y Tecnología (STEM).
- Plurilingüe (si decidimos trabajar en una segunda lengua).
- Emprendedora.
- Competencia personal, social y de aprender a aprender.
- Ciudadana.

INTELIGENCIAS MÚLTIPLES:

- Lingüística.
- Visual y espacial.
- Lógica y matemática.
- Intrapersonal.

ODS:

TRANSPORTES

MATERIALES EN LA BANDEJA:

- Recipientes para clasificar por color.
- Transportes en diferentes colores.
- Inserto espejo.
- Base seca: garbanzos.

¿QUÉ DESTREZAS PODEMOS TRABAJAR?

- Adquisición de vocabulario relacionado con los medios de transporte.

- Desarrollo de la motricidad fina (trasvasar, pinza, agarre).

- Mejora de la capacidad de atención y concentración.

- Coordinación óculo-manual.

- Desarrollo de la creatividad y de la imaginación.

- Habilidades perceptivas mediante la luz.

- Elaboración de hipótesis científicas: huella de carbono.

- Pensamiento lógico-matemático: conteo, series, clasificación.

- Juego simbólico.

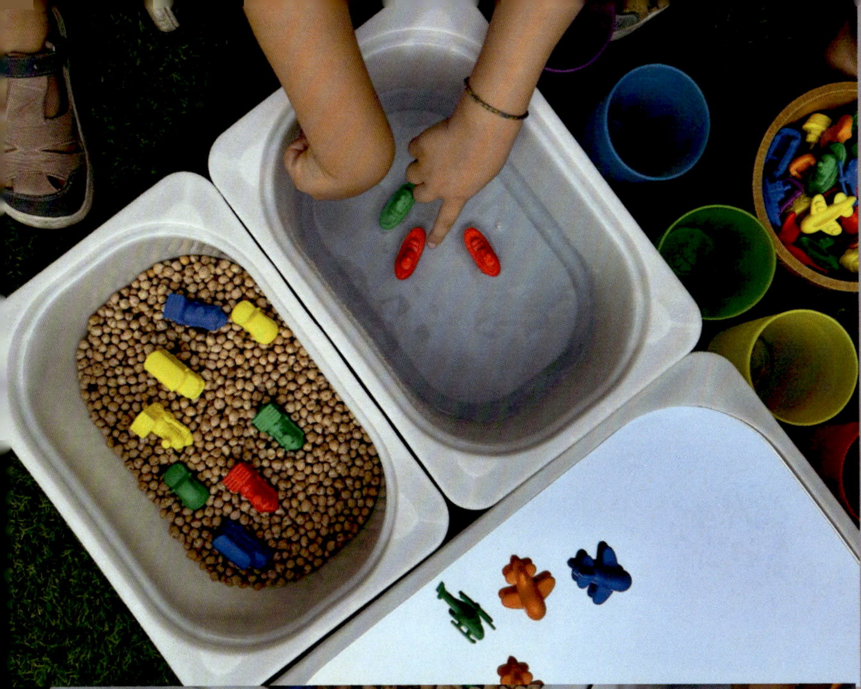

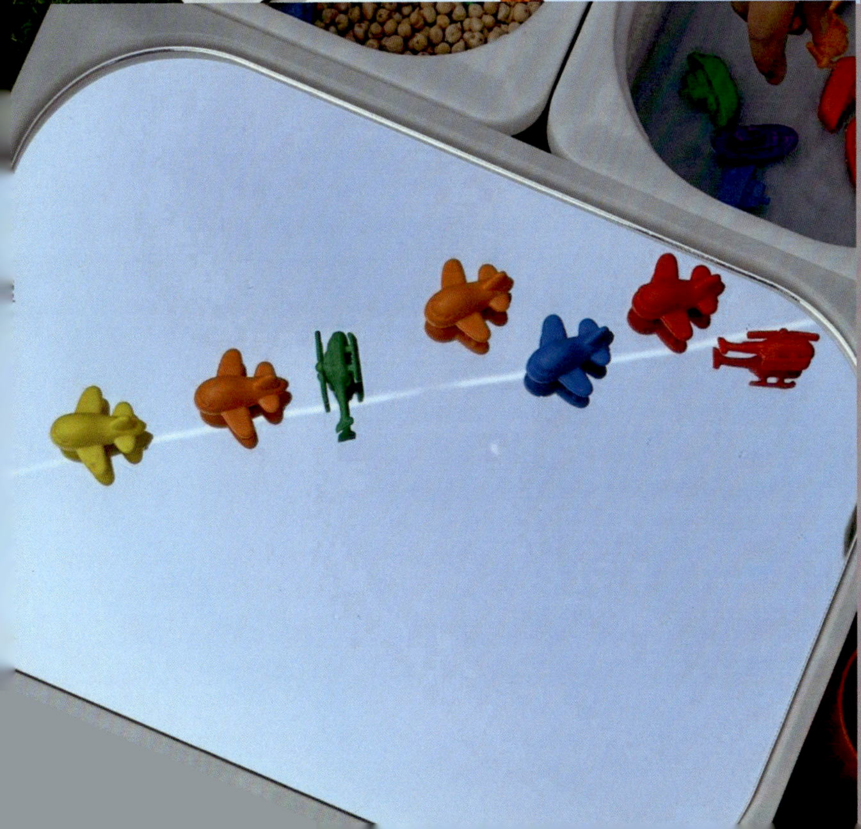

COMPETENCIAS CLAVE:

- Comunicación lingüística.
- Matemática y en Ciencia y Tecnología (STEM).
- Plurilingüe (si decidimos trabajar en una segunda lengua).
- Emprendedora.
- Competencia personal, social y de aprender a aprender.
- Ciudadana.

INTELIGENCIAS MÚLTIPLES:

- Lingüística.
- Visual y espacial.
- Lógica y matemática.
- Intrapersonal.

ODS:

89

PECES

MATERIALES EN LA BANDEJA:

- Bandeja de clasificación.
- Escurridor de juguete.
- Herramientas para motricidad fina.
- Cubitos de hielo de colores y formas acuáticas.
- Agua con colorante.

¿QUÉ DESTREZAS PODEMOS TRABAJAR?

- Adquisición de vocabulario relacionado con el hábitat acuático.

- Desarrollo de la motricidad fina (trasvasar, pinza, agarre).

- Mejora de la capacidad de atención y concentración.

- Coordinación óculo-manual.

- Desarrollo de la creatividad y de la imaginación.

- Estimulación sensorial mediante las temperaturas y las texturas.

- Elaboración de hipótesis científicas: deshielo y flotabilidad.

- Pensamiento lógico-matemático: conteo, dentro-fuera.

COMPETENCIAS CLAVE:

- Comunicación lingüística.
- Matemática y en Ciencia y Tecnología (STEM).
- Plurilingüe (si decidimos trabajar en una segunda lengua).
- Emprendedora.
- Competencia personal, social y de aprender a aprender.
- Ciudadana.

INTELIGENCIAS MÚLTIPLES:

- Lingüística.
- Visual y espacial.
- Lógica y matemática.
- Naturalista.
- Intrapersonal.

ODS:

MAÍZ

MATERIALES EN LA MESA:

- Cuento "Números" (Leo Lionni. Ed. Kalandraka).
- Bandeja de conteo de madera.
- Base seca: garbanzos teñidos de amarillo, lenteja naranja y granos de maíz.
- Pinzas.
- Panochas de maíz.
- Pala de madera.
- Cuencos para clasificar en tono amarillo y naranja.
- Maíz dulce.
- Palomitera.

MATERIALES EN LA BANDEJA:

- Bases secas: hélices de lenteja, alubia pinta, grano de maíz y arroz.

¿QUÉ DESTREZAS PODEMOS TRABAJAR?

- Adquisición de vocabulario relacionado con el maíz.

- Desarrollo de la motricidad fina (trasvasar, pinza, agarre).

- Mejora de la capacidad de atención y concentración.

- Coordinación óculo-manual.

- Desarrollo de la creatividad y de la imaginación.

- Habilidades perceptivas mediante diferentes sabores, olores y texturas.

- Elaboración de hipótesis científicas: capacidad de los recipientes.

- Pensamiento lógico-matemático: conteo, relación grafía-cantidad, números.

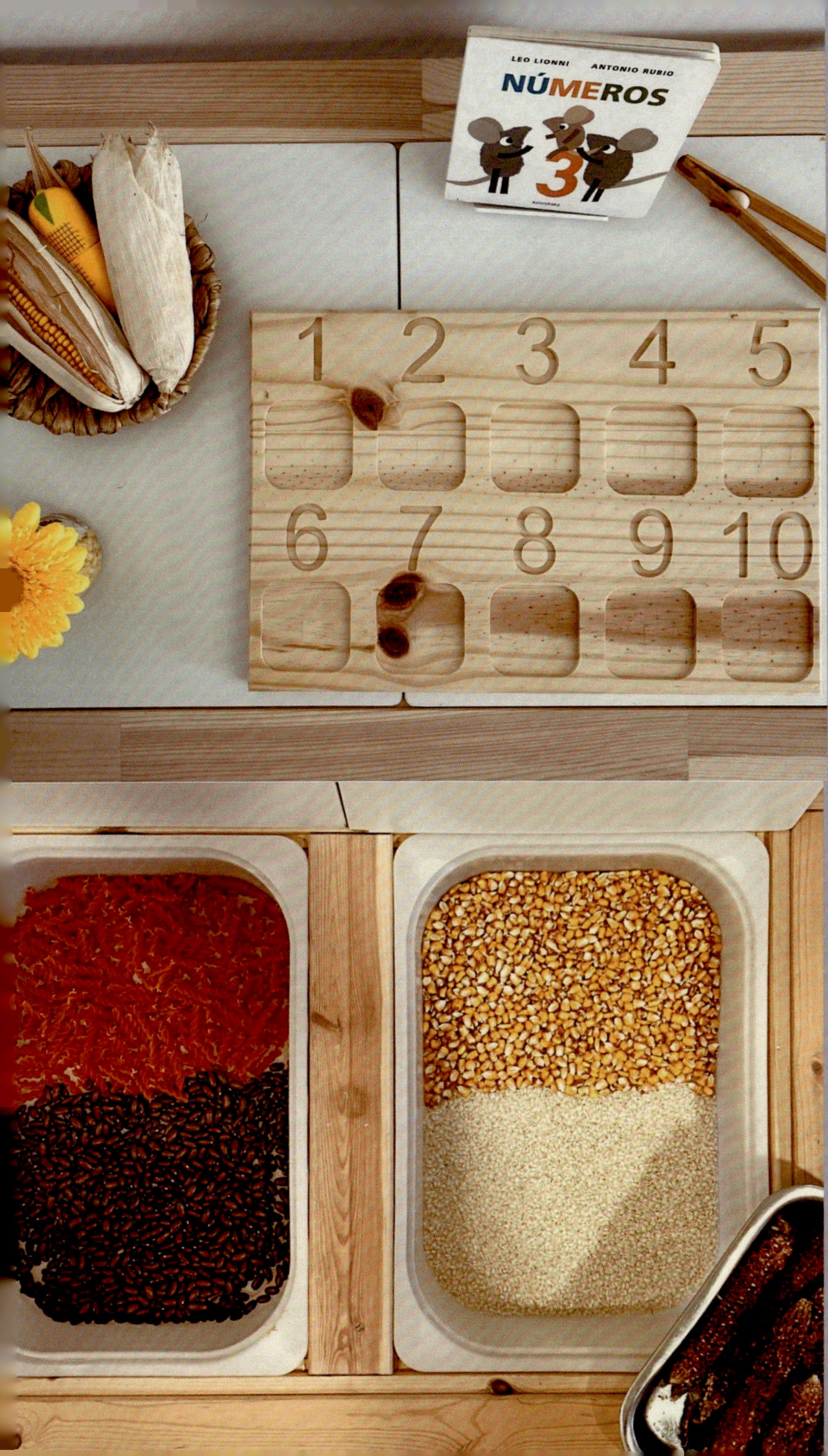

COMPETENCIAS CLAVE:

- Comunicación lingüística.
- Matemática y en Ciencia y Tecnología (STEM).
- Plurilingüe (si decidimos trabajar en una segunda lengua).
- Emprendedora.
- Competencia personal, social y de aprender a aprender.
- Ciudadana.

INTELIGENCIAS MÚLTIPLES:

- Lingüística.
- Visual y espacial.
- Lógica y matemática.
- Naturalista.
- Intrapersonal.

ODS:

93

CASTAÑERA

MATERIALES EN LA MESA:

- Cuento "La castañera Felipa" (Bel Olid y Mercè Canals. Ed. Combel).
- Hojas de madera.
- Observatorio de hojas.
- Plastilina.
- Bases secas: elementos naturales del otoño.
- Sello de madera con motivos otoñales.

MATERIALES EN LA BANDEJA:

- Inserto de cartón para ensartar.
- Trocito de césped artificial.
- Bandeja de madera con forma de fruto seco.
- Castañas asadas.
- Siluetas de hojas en cartón con hilos en colores otoñales.

¿QUÉ DESTREZAS PODEMOS TRABAJAR?

- Lectoescritura: lectura del cuento.
- Adquisición de vocabulario relacionado con las castañas.
- Desarrollo de la motricidad fina (pinza, agarre).
- Mejora de la capacidad de atención y concentración.
- Coordinación óculo-manual.
- Desarrollo de la creatividad y de la imaginación.
- Habilidades perceptivas mediante diferentes sabores, olores y texturas.
- Elaboración de hipótesis científicas: árboles de hoja caduca.
- Pensamiento lógico-matemático: conteo, relación grafía-cantidad, números.

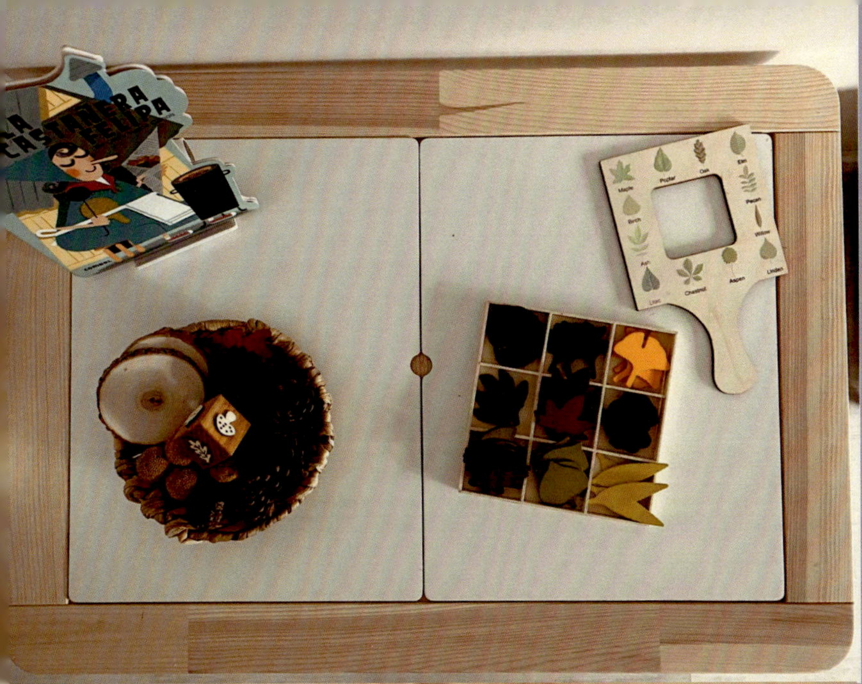

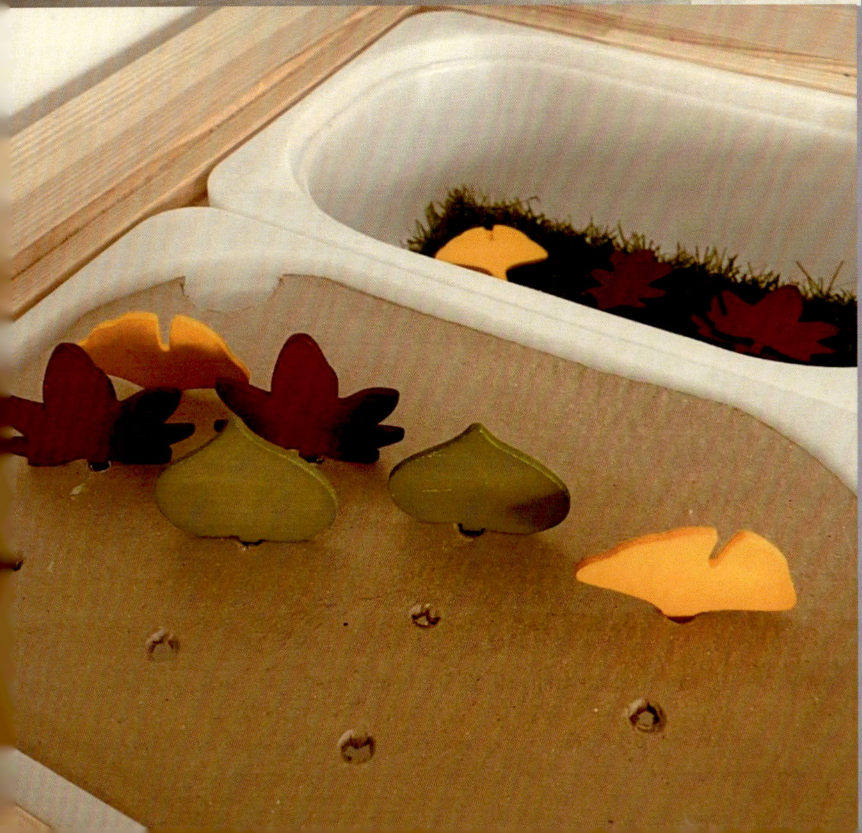

COMPETENCIAS CLAVE:

- Comunicación lingüística.
- Matemática y en Ciencia y Tecnología (STEM).
- Plurilingüe (si decidimos trabajar en una segunda lengua).
- Emprendedora.
- Competencia personal, social y de aprender a aprender.
- Ciudadana.
- Conciencia y expresiones culturales.

INTELIGENCIAS MÚLTIPLES:

- Lingüística.
- Visual y espacial.
- Lógica y matemática.
- Naturalista.
- Intrapersonal.
- Cinética (si salimos a observar hojas o a recolectar elementos naturales).

ODS:

95

HALLOWEEN

MATERIALES EN LA MESA:

- Cuento "¡No mires dentro!" (Rosie Greening. Ed. Bruño).
- Calabaza.
- Agua y jabón.
- Gomets.
- Cuencos de madera en tonos naranja, morado y verde.
- Decoración: telas de araña, arañas...
- Herramientas para motricidad fina.

MATERIALES EN LA BANDEJA:

- Bandeja de horno para magdalenas.
- Lenteja naranja.
- Washi tape para crear ese entresijo de tiras.
- Arañas de juguete.
- Bolas de hidrogel.
- Insectos y animales de Halloween.
- Plastilinas.
- Moldes, rodillo, sellos y herramientas para la plastilina.

¿QUÉ DESTREZAS PODEMOS TRABAJAR?

- Lectoescritura: lectura del cuento.
- Adquisición de vocabulario relacionado con Halloween.
- Desarrollo de la motricidad fina (trasvasar, pinza, agarre).
- Mejora de la capacidad de atención y concentración.
- Coordinación óculo-manual.
- Desarrollo de la creatividad y de la imaginación.
- Habilidades perceptivas mediante diferentes texturas.
- Elaboración de hipótesis científicas: huellas en la plastilina.
- Vida práctica (Montessori): estación de lavado de la calabaza.
- Pensamiento lógico-matemático: dentro-fuera, grande-pequeño, formas geométricas.

COMPETENCIAS CLAVE:

- Comunicación lingüística.
- Matemática y en Ciencia y Tecnología (STEM).
- Plurilingüe (si decidimos trabajar en una segunda lengua).
- Emprendedora.
- Competencia personal, social y de aprender a aprender.
- Ciudadana.
- Conciencia y expresiones culturales.

INTELIGENCIAS MÚLTIPLES:

- Lingüística.
- Visual y espacial.
- Lógica y matemática.
- Naturalista.
- Intrapersonal.

ODS:

97

PÓCIMAS

MATERIALES EN LA BANDEJA:

- Cuento "La infancia de los malvados, villanos y maléficos" (Sebastien Pérez. Ed. Edelvives).
- Bandeja con forma de estrella.
- Bandeja clasificadora.
- Herramientas para trabajar la motricidad fina.
- Insectos y animales de Halloween.
- Letras de resina con la palabra "pócimas".
- Inserto para mezclas.
- Bases: galleta machacada, agua con colorante rojo, bolas de hidrogel, vinagre, bicarbonato con colorante, copos de avena y purpurina.
- Recipientes para trasvasar.
- Decoración: calabaza de mimbre, candelabros y telas de araña.

¿QUÉ DESTREZAS PODEMOS TRABAJAR?

- Lectoescritura: lectura del cuento.
- Adquisición de vocabulario relacionado con Halloween.
- Desarrollo de la motricidad fina (trasvasar, pinza, agarre).
- Mejora de la capacidad de atención y concentración.
- Coordinación óculo-manual.
- Desarrollo de la creatividad y de la imaginación.
- Habilidades perceptivas mediante diferente olores y texturas.
- Elaboración de hipótesis científicas: reacciones químicas.
- Pensamiento lógico-matemático: conteo, relación grafía-cantidad, números.

COMPETENCIAS CLAVE:

- Comunicación lingüística.
- Matemática y en Ciencia y Tecnología (STEM).
- Plurilingüe (si decidimos trabajar en una segunda lengua).
- Emprendedora.
- Competencia personal, social y de aprender a aprender.
- Ciudadana.
- Conciencia y expresiones culturales.

INTELIGENCIAS MÚLTIPLES:

- Lingüística.
- Visual y espacial.
- Lógica y matemática.
- Naturalista.
- Intrapersonal.

ODS:

4 EDUCACIÓN DE CALIDAD

99

OTOÑO

MATERIALES EN LA MESA:

- Letras ligadas (minúsculas).
- Imprimible para clasificar por color.
- Tablas de colores (Caja de color III- Montessori) con gama de colores otoñales.
- Bandeja de madera de dos compartimentos (que también puede ser inserto).
- Recipientes (cesta, bol).
- Decoración: tela de saco, lámina con el alfabeto, arcoíris en tonos otoñales.

MATERIALES EN LA BANDEJA:

- Plastilina y herramientas: rodillo, moldes, sellos.
- Miniaturas de frutos del otoño: manzanas y granadas.
- Elementos de la naturaleza: semillas, piñas, hojas.
- Base seca con aroma: canela en rama y estrellas de anís.
- Inserto de cartón con agujeros.
- Elementos para hacer un caracol.

¿QUÉ DESTREZAS PODEMOS TRABAJAR?

- Lectoescritura: conciencia fonológica.
- Adquisición de vocabulario relacionado con el hábitat acuático.
- Desarrollo de la motricidad fina (trasvasar, pinza, agarre).
- Mejora de la capacidad de atención y concentración.
- Coordinación óculo-manual
- Desarrollo de la creatividad y de la imaginación.
- Habilidades perceptivas mediante diferente olores y texturas.
- Elaboración de hipótesis científicas: ciclo de vida de las plantas.
- Pensamiento lógico-matemático: conteo, series.

COMPETENCIAS CLAVE:

- Comunicación lingüística.
- Matemática y en Ciencia y Tecnología (STEM).
- Plurilingüe (si decidimos trabajar en una segunda lengua).
- Emprendedora.
- Competencia personal, social y de aprender a aprender.
- Ciudadana.

INTELIGENCIAS MÚLTIPLES:

- Lingüística.
- Visual y espacial.
- Lógica y matemática.
- Naturalista.
- Intrapersonal.

ODS:

4 EDUCACIÓN DE CALIDAD

15 VIDA DE ECOSISTEMAS TERRESTRES

101

LAS ARDILLAS

MATERIALES EN LA MESA:

- Bandejas de madera con forma de ardilla y bellota.
- Elementos naturales: cáscaras de frutos secos, palitos, semillas…
- Tarjetas Montessori otoñales.
- Bellota de cartón con hilo para coser.
- Bandeja de madera.
- Bellotas de corcho.
- Bellotas de madera.
- Tarjetas con palabras en mayúscula y minúscula.
- Cuencos de madera en tono naranja y amarillo.
- Pinzas de madera.
- Nubes de pasta.
- Tablas de colores (Caja de color III-Montessori) con gama de colores otoñales.
- Decoración: lámina de la anatomía de la ardilla, ardilla de madera, tela de saco.

MATERIALES EN LA BANDEJA:

- Inserto tabla de lectoescritura.
- Letras ligadas (minúscula).
- Elementos naturales para crear un bosque de otoño: semillas, cortezas, maíz, musgo.
- Huevera de cartón.

¿QUÉ DESTREZAS PODEMOS TRABAJAR?

- Lectoescritura: conciencia fonológica, reconocimiento imagen-palabra.
- Adquisición de vocabulario relacionado con las ardillas y el otoño.
- Desarrollo de la motricidad fina (pinza, agarre).
- Mejora de la capacidad de atención y concentración.
- Coordinación óculo-manual.
- Desarrollo de la creatividad y de la imaginación.
- Habilidades perceptivas mediante diferentes texturas.
- Elaboración de hipótesis científicas: las ardillas.
- Pensamiento lógico-matemático: conteo, relación grafía-cantidad, números y series.

COMPETENCIAS CLAVE:

- Comunicación lingüística.
- Matemática y en Ciencia y Tecnología (STEM).
- Plurilingüe (si decidimos trabajar en una segunda lengua).
- Emprendedora.
- Competencia personal, social y de aprender a aprender.
- Ciudadana.
- Conciencia y expresiones culturales.

INTELIGENCIAS MÚLTIPLES:

- Lingüística.
- Visual y espacial.
- Lógica y matemática.
- Naturalista.
- Intrapersonal.

ODS:

4 EDUCACIÓN DE CALIDAD

13 ACCIÓN POR EL CLIMA

15 VIDA DE ECOSISTEMAS TERRESTRES

103

ÁRBOL DE NAVIDAD

MATERIALES EN LA MESA:

- Rollo de papel continuo blanco con la guirnalda dibujada.
- Rotuladores do-a-dot (para estampar círculos).

MATERIALES EN LA BANDEJA:

- Base seca: arroz blanco y arroz teñido en verde y rojo.
- Pompones y cascabeles.
- Cuencos en tonos blanco, verde y rojo.
- Pinzas traslúcidas.
- Bastones de caramelo.
- Bandeja con forma de árbol de Navidad y estrella.
- Decoración: miniatura de gorritos de Papá Noel.

¿QUÉ DESTREZAS PODEMOS TRABAJAR?

- Adquisición de vocabulario relacionado con la Navidad y los colores presentados.

- Desarrollo de la motricidad fina (trasvasar, pinza, agarre).

- Mejora de la capacidad de atención y concentración.

- Coordinación óculo-manual.

- Desarrollo de la creatividad y de la imaginación.

- Habilidades perceptivas mediante diferentes texturas y sonidos.

- Elaboración de hipótesis científicas: mezclas.

- Pensamiento lógico-matemático: series, conteo, dentro-fuera.

COMPETENCIAS CLAVE:

- Comunicación lingüística.
- Matemática y en Ciencia y Tecnología (STEM).
- Plurilingüe (si decidimos trabajar en una segunda lengua).
- Emprendedora.
- Competencia personal, social y de aprender a aprender.
- Ciudadana.
- Conciencia y expresiones culturales.

INTELIGENCIAS MÚLTIPLES:

- Lingüística.
- Visual y espacial.
- Lógica y matemática.
- Musical.
- Naturalista.
- Intrapersonal.

ODS:

4 EDUCACIÓN DE CALIDAD

15 VIDA DE ECOSISTEMAS TERRESTRES

CARTA A SANTA

MATERIALES EN LA MESA:

- Cuento "Una carta para Papá Noel". (Emma Yarlett, Ed. Edelvives).
- Sellos con las letras que forman el nombre de quien escriba la carta.
- Buzón.
- Modelo de carta.
- Letras mayúsculas con la palabra "Santa".
- Piezas sueltas en tonos rojos.

MATERIALES EN LA BANDEJA:

- Bandeja de madera de Papá Noel.
- Bases: garbanzos teñidos, pompones, bolas de algodón.
- Discos metálicos de colores traslúcidos (tonos rojos).
- Pinzas.
- Pala de madera.
- Recipientes.
- Accesorios metálicos de cocinitas.
- Elementos naturales: ramitas, hojas, rodajas de naranja deshidratadas, frutos rojos, canela en rama y piñas.
- Herramientas para motricidad fina y trasvase.
- Agua.

¿QUÉ DESTREZAS PODEMOS TRABAJAR?

- Lectoescritura: conciencia fonológica.
- Adquisición de vocabulario relacionado con la Navidad.
- Desarrollo de la motricidad fina (pinza, agarre).
- Mejora de la capacidad de atención y concentración.
- Coordinación óculo manual.
- Desarrollo de la creatividad y de la imaginación.
- Habilidades perceptivas mediante diferentes texturas y olores.
- Elaboración de hipótesis científicas: mezclas.
- Pensamiento lógico- matemático: capacidad, series y conteo.

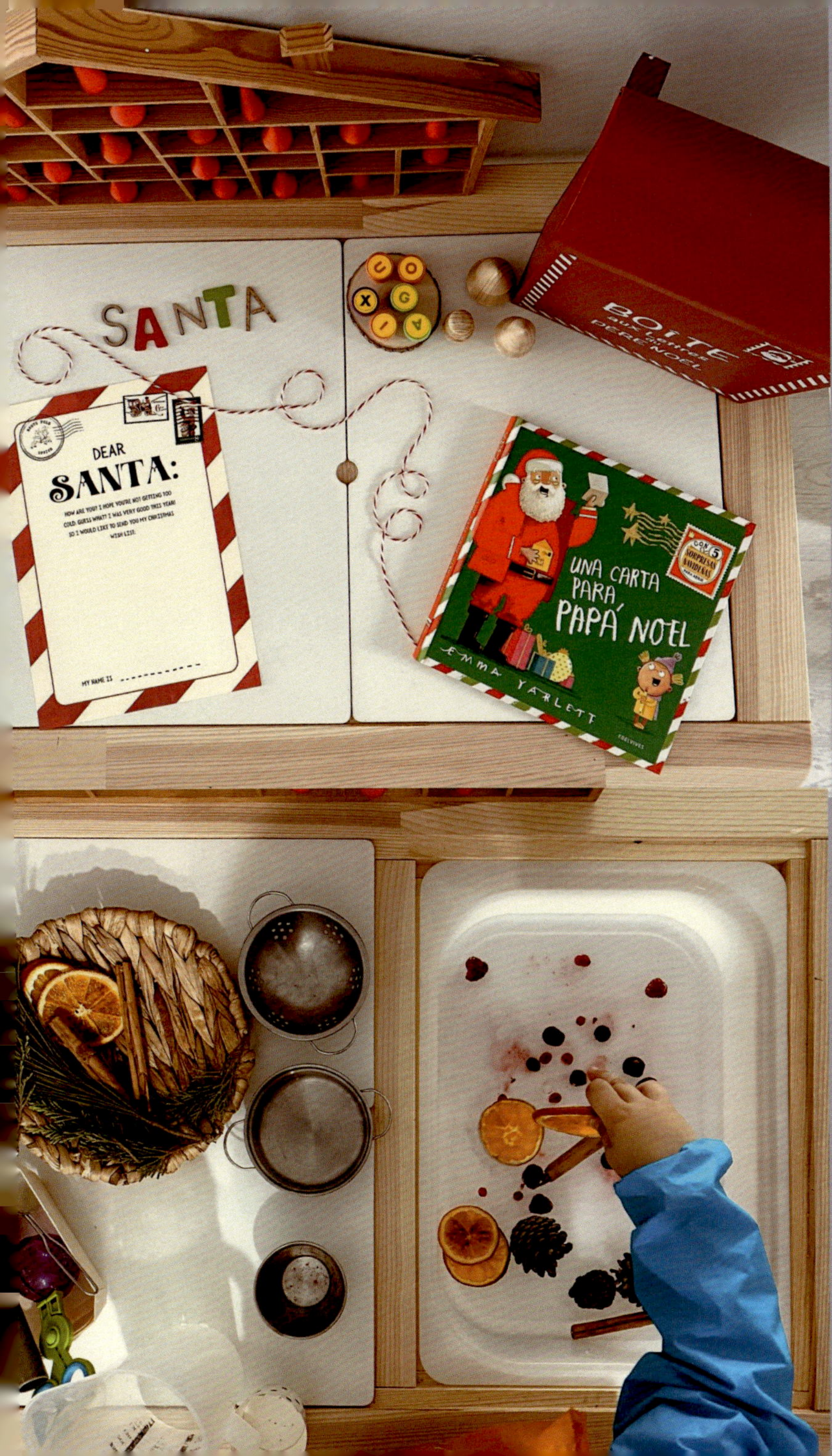

COMPETENCIAS CLAVE:

- Comunicación lingüística.
- Matemática y en Ciencia y Tecnología (STEM).
- Plurilingüe (si decidimos trabajar en una segunda lengua).
- Emprendedora.
- Competencia personal, social y de aprender a aprender.
- Ciudadana.
- Conciencia y expresiones culturales.

INTELIGENCIAS MÚLTIPLES:

- Lingüística.
- Visual y espacial.
- Lógica y matemática.
- Naturalista.
- Intrapersonal.

ODS:

CAPÍTULO 5

DESTREZAS Y ESTRATEGIAS QUE NOS FACILITA LA MESA TEMÁTICA

A estas alturas no os sorprenderá que os remarque la importancia que tiene el juego desde muy pequeños, ya que tiene ese carácter facilitador de aprendizaje, aunque de manera muy encubierta. Y justo, eso mismo, es lo que encuentran cuando vienen a la mesa temática. Todos los materiales, recursos, juegos y actividades que presentamos en ella les mantienen concentrados durante ese tiempo a la vez que se genera y afianza el aprendizaje. Ahí reside el poder de las mesas Flisat. Simplemente es maravilloso contar con una propuesta tan visual y estética que además nos brinda infinitas posibilidades de aprender de una manera menos convencional.

De ahí que en este capítulo haya decidido explicaros todo lo que las mesas temáticas nos permiten desarrollar y cómo contribuir desde diferentes contextos a un mismo objetivo: acompañar y ofrecer un espacio donde el juego y el aprendizaje van de la mano.

Para ello voy a analizar qué **destrezas** podemos practicar en una mesa temática, la implicación que tienen en el desarrollo de las **competencia clave**, cómo nos permiten procesar la información desde el punto de vista de las **inteligencias múltiples**, el poder que tienen a la hora de trabajar con **distintos niveles** y la aportación que hacen al ámbito de los **Objetivos de Desarrollo Sostenible** (ODS).

DESTREZAS

Como habéis podido ver en las propuestas prácticas de las mesas temáticas, se desarrollan unas cuantas destrezas mediante los diferentes materiales y recursos que colocamos. Una vez más, no debemos olvidar que estas destrezas deben ser adecuadas al momento evolutivo en el que se encuentran las personas a las que va dirigida o planteada la mesa. Por tanto, podemos clasificarlas en:

109

DESTREZAS LÓGICO-MATEMÁTICAS:

Son todas aquellas que nos permiten trabajar aspectos espaciales tales como la simetría, la orientación, o el tamaño. A estas hay que sumarle todas las relacionadas con numeración: contar, reconocer el número con la cantidad que representa, ordenar de mayor a menor... así como la posibilidad de clasificar, hacer series o trabajar las formas geométricas.

DESTREZAS DE COORDINACIÓN MOTORA:

Con actividades que permitan mejorar la coordinación ojo-mano, el agarre, la pinza o trasvasar (en la medida de lo posible, es muy interesante que el trasvase ocurra de izquierda a derecha, ya que es el sentido en el que escribimos y leemos y puede servirnos como prerrequisito de la lectoescritura). También van a poder establecer la relación entre objetos (apilar, amontonar, alinear, sacar...) y la relación de su cuerpo con respecto a otros elementos (después jugarán en otros contextos a ser ellos los que suben a objetos, se meten en ellos...).

DESTREZAS PARA EL DESARROLLO DEL LENGUAJE:

Se trabaja vocabulario, que además puede ser en diferentes idiomas. También permite trabajar previamente una serie de requisitos relacionados con el trazo o la direccionalidad. Prestaremos atención al diálogo que surge en el juego simbólico y minimundos, y a la vez todo al diálogo que surge para organizar pensamientos de forma verbal.

DESTREZAS PARA EL DESARROLLO DE LA IMAGINACIÓN Y LA CREATIVIDAD:

Van a tener a su alcance mucho material que les permite jugar de una manera muy libre y abierta. Veréis como siempre surge una forma de utilizar un determinado material que a vosotros no se os había ocurrido.

DESTREZAS PARA MEJORAR LA ATENCIÓN Y LA CONCENTRACIÓN:

La mesa es un lugar al que venir a jugar sin prisa, lo cual facilita que se tomen su tiempo en el planteamiento del juego y que haya suficientes oportunidades de intentar lograr un objetivo con el material. Actividades como ensartar, apilar, clasificar... requieren de esfuerzo y perseverancia.

DESTREZAS PARA FOMENTAR EL CARÁCTER CURIOSO Y CIENTÍFICO:

La experimentación es una actividad recurrente en la mesa Flisat. De una manera muy autónoma va a ocurrir un diálogo interno en el que las hipótesis, el ensayo-error... van a ser los ejes sobre los que se base su experiencia. Además, todo ello ocurre de manera sensorial (texturas, sonidos, olores, imágenes...) y con un papel muy activo durante el proceso.

DESTREZAS PARA LA VIDA (AUTONOMÍA Y CARÁCTER SOCIAL):

Tanto si se acercan a jugar a la mesa de manera individual o en grupo, se va a trabajar a nivel personal y en equipo. A nivel personal, van a encontrarse con la toma de decisiones y la oportunidad de practicar y

descubrir sus capacidades. De tal forma, cualquier logro que suceda va a tener un impacto positivo en la imagen que tengan de ellos mismos. Además, cuando hay más de una persona en la mesa, es probable que quieran interactuar y llegar a alcanzar acuerdos para conseguir objetivos. Podrán practicar habilidades como respetar el turno, comunicar ideas, negociar o colaborar.

COMPETENCIAS CLAVE

Conforme estas destrezas se van dominando, aparece la posibilidad de contribuir al desarrollo y consecución de las Competencias Clave. Si eres docente, estarás familiarizado con este concepto. Sin embargo, si es en casa donde vas a preparar una mesa temática, te las explico brevemente porque, aunque pueda sonar muy académico, son totalmente aplicables en los hogares y son una excelente idea para contribuir y reforzar aquello que se trabaja en el aula.

Tal y como se recoge en la Recomendación del Consejo de la Unión Europea, las **Competencias Clave** son *los conocimientos, capacidades y actitudes que toda* *persona necesita para su realización y desarrollo personal como miembro activo de la sociedad*, es decir, el aprendizaje permanente que debe producirse a lo largo de toda la vida. Estas recomendaciones se han adaptado al sistema educativo de nuestro país dando lugar a 8 Competencias Clave:

1. La competencia en comunicación lingüística es la competencia que contribuye a la comunicación mediante la interacción oral, escrita, signada o multimodal.

2. La competencia plurilingüe permite comunicarnos de manera adecuada y efectiva en diferentes idiomas.

3. La competencia matemática y competencia en ciencia, tecnología e ingeniería es la habilidad para aplicar el razonamiento matemático a la hora de resolver problemas en situaciones cotidianas, así como poder explicar y extraer conclusiones del mundo natural.

4. La competencia digital implica el uso responsable de las tecnologías digitales para el aprendizaje en el trabajo y sociedad.

5. La competencia personal, social y de aprender a aprender implica la capacidad de reflexionar sobre uno mismo para autoconocerse, aceptarse y promover un crecimiento personal constante.

6. La competencia ciudadana facilitará poder participar de manera responsable y activa en la sociedad.

7. La competencia emprendedora les permite convertir ideas y oportunidades en proyectos trabajando de forma colaborativa y tomando la iniciativa.

8. La competencia en conciencia y expresiones culturales implica comprender y valorar cómo las ideas se expresan de forma creativa en culturas diferentes.

Podemos afirmar que las mesas temáticas son una herramienta globalizadora e integradora que nos permiten contribuir al desarrollo, no solo de una de estas competencias, sino de varias de ellas a través de diferentes materiales y actividades.

INTELIGENCIAS MÚLTIPLES

Otra ventaja es que las mesas temáticas nos van a permitir idear estos espacios de aprendizaje tomando como punto de partida las fortalezas de las personas a las que van dirigidas. Como antes de preparar una mesa hay una observación previa, me gusta creer que las mesas temáticas son un instrumento con el que acercar el conocimiento y que las relaciona con la teoría de las Inteligencias Múltiples. Esta teoría fue desarrollada por H. Gardner, quien estableció 8 tipos de inteligencia:

1. **Inteligencia lingüística:** es la capacidad de dominar el lenguaje (no solo verbal) para comunicarnos.

2. **Inteligencia lógico-matemática:** se vincula a la capacidad de resolver problemas y del razonamiento lógico.

3. **Inteligencia espacial:** nos permite observar el mundo y los objetos desde diferentes perspectivas.

4. **Inteligencia musical:** considera el arte como un elemento universal.

5. **Inteligencia corporal y cinestésica:** hace referencia a las habilidades corporales y motrices que se requieren para manejar herramientas o para expresar ciertas emociones.

6. **Inteligencia intrapersonal:** es la que nos permite comprender y controlar el ámbito interno de uno mismo en lo que se refiere a la regulación de las emociones y del foco atencional.

7. **Inteligencia interpersonal:** se trata de una inteligencia que permite interpretar las palabras o gestos y empatizar con los demás.

8. **Inteligencia naturalista:** es la que permite detectar, diferenciar y categorizar los aspectos vinculados al entorno.

OBJETIVOS DE DESARROLLO SOSTENIBLE

Por otro lado, también considero que los temas planteados en las mesas Flisat, nos permiten acercar el trabajo que Naciones Unidas está llevando a cabo para la consecución de los ODS (Objetivos de Desarrollo Sostenible) y que cada vez más, forman parte del día a día en las escuelas. A través de 17 objetivos, se pretende que los países sean capaces de erradicar la pobreza y proteger el planeta, así como garantizar la paz y la prosperidad. Estos objetivos son:

1. Fin de la pobreza.

2. Hambre cero.

3. Salud y bienestar.

4. Educación de calidad.

5. Igualdad de género.

6. Agua limpia y saneamiento.

7. Energía asequible y no contaminante.

8. Trabajo decente y crecimiento económico.

9. Industria, innovación e infraestructura.

10. Reducción de las desigualdades.

11. Ciudades y comunidades sostenibles.

12. Producción y consumo responsables.

13. Acción por el clima.

14. Vida submarina.

15. Vida de ecosistemas terrestres.

16. Paz, justicia e instituciones sólidas.

17. Alianzas para lograr objetivos.

ESTRATEGIAS MULTINIVEL

No podemos olvidarnos de la parte más importante en todo esto: los niños y niñas para los que preparamos las mesas Flisat. Y es que, a pesar de tener en cuenta todo lo mencionado anteriormente, debemos recordar que cada niño, por mucho que esté en el mismo aula o forme parte de la misma familia, es único. Sin lugar a dudas, este es uno de los aspectos que más me ha retado cada vez que llevo a cabo una propuesta. Por eso, para atender a los **diferentes niveles** que puedo encontrar tanto en el aula como en mi casa, os comparto algunas estrategias que os pueden ayudar a ver ese lado enriquecedor y que nos permiten cubrir las diferentes necesidades que podéis encontrar:

Materiales y recursos diversos que nos permitan adaptar las diferentes formas de aprender incluyendo, por ejemplo: libros, imágenes, elementos naturales... de esta manera serán ellos mismos los que decidan qué material les interesa más o les resulta más fácil para interactuar.

Actividades que nos permitan practicar las diferentes **destrezas** mencionadas anteriormente. Es decir, podemos incluir propuestas de trazo, trasvases (que van a resultar atractivas en edades tempranas o como prerrequisitos de la lectoescritura) y actividades que nos permitan por ejemplo, el conteo o la escritura adaptado al nivel de los más mayores.

Vocabulario que nos permita ser trabajado en **diferentes idiomas.** De esta manera facilitaremos la adquisición de léxico relacionado con un tema. Podemos presentarlo mediante imágenes, objetos y palabras que pueden estar escritas en otro idioma también ofreciendo ese *input +1* del que hablaba Krashen (que contenga elementos lingüísticos ligeramente superiores a los que tiene el niño o niña).

Propuestas que engloban la contribución a las diferentes **áreas** o **Competencias Clave.** Veréis como esto os ayuda a montar de manera muy sencilla las mesas de aprendizaje.

Podemos plantear una propuesta de lectoescritura, una de conteo o lógico-matemática, un experimento o actividades hands-on (manos a la obra) y propuestas artísticas en base a un mismo tema en una mesa.

Propuestas que desarrollen su **autonomía** planteando actividades lo suficientemente abiertas y motivadoras para que elijan a qué y cómo jugar con ellas.

La **flexibilización del tiempo,** con actividades que nos permitan poder jugar en ella durante el tiempo que nos interese y a la que poder acudir en reiteradas ocasiones. Aquí observamos cómo habrá algunos a los que les guste ir a jugar con el mismo tipo de propuestas siempre y otros que encuentran motivador el hecho de tener diferentes propuestas en el mismo espacio.

Espero que todo lo visto en este capítulo no solo os ayude a preparar una mesa temática, sino que también os permita poder justificarla y contextualizarla. Eso sí, esto no garantiza que nuestras mesas sean siempre un éxito. Por ello, os invito a ser constantes, ofrecer diferentes temáticas, materiales o recursos porque solo así lograréis hacer que la mesa Flisat sea vista como un espacio al que ir a jugar y donde el aprendizaje esté también vinculado.

CAPÍTULO 6

CONEXIONES ENTRE NIÑOS, FAMILIAS Y EDUCADORES

EL VÍNCULO ENTRE EL ADULTO Y EL NIÑO

Si algo tienen las mesas temáticas es que van más allá del juego, de la creatividad o el aprendizaje. También son una herramienta fantástica para **fortalecer la relación entre adultos y niños** porque suponen un momento idóneo para que haya una conexión emocional y diversión entre mayores y pequeños. Probablemente, el tiempo compartido en la mesa Flisat se convierta en un recuerdo de momentos en los que pudieron explorar, imaginar, crear y crecer juntos. Es decir, gracias al juego sensorial, tenemos la posibilidad de convertirnos en cómplices y compañeros de juego.

Son varias las situaciones en las que esto puede suceder y por ello, voy a ofreceros diferentes ejemplos en los que se construye ese vínculo que proveerá tanto la confianza como la seguridad emocional.

I. PREPARAR LA MESA TEMÁTICA

Ya desde el momento en el que decidís preparar una mesa de aprendizaje, tenéis a los niños y niñas en mente: a través de la observación pensáis qué tema les puede resultar de interés, qué actividades podéis llevar a la mesa y analizáis el momento en el que se encuentran, es decir, si están en un momento en el que juegan a trasvasar, si empiezan a experimentar con letras y números o si el juego simbólico es su favorito. Casi podría decirse que aquí el papel del adulto es el de filtrar aquello que se considera más adecuado y motivador.

2. EL MOMENTO DEL JUEGO

Cuando la mesa está montada, llega el momento en el que vienen a jugar. Se acercan, investigan qué materiales y objetos hay, ven las posibilidades que estos ofrecen... Entonces podéis preguntaros: "¿y cuál es nuestro papel en ese momento?". Esa tarea puede consistir en permanecer cerca de ellos, pero dándoles su espacio para no limitar su juego. Por ejemplo, si en la mesa tienen pasta de colores con forma de corazón no hace falta que les digamos que es para que clasifiquen por color (que puede ser la actividad que hayas pensado originalmente), porque es probable que se les ocurran otros muchos usos: estamparla a modo de sello en plastilina, apilarlas... y

porque además es un aprendizaje que está elaborando de manera autónoma.

Por otro lado, en edades tempranas es importante que estéis presente en el momento de juego por varios motivos:

- Por seguridad (evitar que sucedan situaciones peligrosas).

- Para ayudar (aunque es importante respetar los tiempos y ritmos madurativos, pueden necesitar ayuda para desenroscar una tapa, por ejemplo).

- Para reconducir determinadas acciones (materiales que deben permanecer en la mesa).

- Para ser testigo de sus logros (estar presentes y poder reforzarles esos hitos puede tener un gran impacto en su autoestima y les otorga seguridad emocional).

- Para ser sus compañeros de juego (disfrutar leyéndoles el cuento que hay en la Flisat o siendo un personaje del minimundo que han creado, etc.).

- Para resolver dudas (su carácter curioso va a facilitar la interacción verbal, ya que harán muchas preguntas).

CONEXIÓN MEDIANTE LA ATENCIÓN PLENA

Uno de los aspectos más poderosos del juego sensorial es que se trata de una actividad completamente inmersiva. La capacidad de atención y concentración es tal cuando se explora mediante los sentidos, que se refuerza la presencia emocional. Veréis que en muchas ocasiones, van a querer mostraros lo que han conseguido hacer, por ejemplo mientras llenan un recipiente con una base seca como el arroz para después vaciarlo. Al hacer partícipe al adulto, vamos a realizar comentarios de este estilo: *"¡Hala!, ¡mira cómo cae!, parece que llueve arroz"*; esas observaciones compartidas ayudan a los niños a sentirse vistos, comprendidos y acompañados, lo que fortalece el vínculo afectivo.

REGULACIÓN EMOCIONAL

El juego sensorial no solo es una forma de explorar el mundo, sino que también es una manera de regular las emociones. Cuando los niños experimentan al jugar con diferentes texturas, colores y materiales, surgen sensaciones que les ayudan a calmarse, concentrarse y procesar sus emociones. En alguna ocasión os he nombrado que la mesa temática tiene ese carácter de refugio y que en mi experiencia como docente, la mesa posibilita esa canalización cuando necesitan relajarse. Imaginad que en una gaveta hemos colocado pasta, garbanzos o arena y que un niño acude a la mesa al estar alterado. Una vez que veáis que se muestra menos agitado, podéis acercaros y ofrecer unas palabras tranquilizadoras: "¿Te relaja sentir el arroz resbalando en tus manos?", consiguiendo acompañar en esa regulación emocional y haciendo de la mesa Flisat un espacio seguro donde poder calmarse.

TRABAJO EN EQUIPO

El juego sensorial también tiene un gran potencial para fortalecer el trabajo en equipo, ya que en muchas ocasiones va a haber más de una persona jugando y la interacción entre ellos puede ocurrir. El papel del adulto en este caso va a ser el de poder enseñarles sobre la cooperación y la empatía necesaria entre todas las personas que están jugando y aprendiendo a compartir los materiales, respetar los turnos o ayudarse para alcanzar un objetivo.

EL VÍNCULO ENTRE LOS ADULTOS IMPLICADOS EN EL PROCESO DE APRENDIZAJE

Seguro que no es la primera vez que leéis acerca de la importancia del vínculo entre adulto y niño pero, ¿creéis que la conexión solo puede darse entre ellos? No sé si os habéis parado a reflexionar acerca de cómo las mesas de aprendizaje también ayudan a mejorar la relación entre los adultos que trabajan en el colegio (docentes, educadores) y los que acompañan a los niños en casa (mamás, papás u otros familiares) creando una red de apoyo en el proceso de aprendizaje que va a tener un impacto muy positivo y directo. En mi caso, tengo que agradecerles a mis compañeras de infantil que con sus comentarios me recalcasen los beneficios que mis hijos estaban pudiendo tener al ir a jugar a la mesa Flisat. De esta manera, fui consciente de cómo el juego estaba reforzando su proceso de aprendizaje y permitiendo que su creatividad y curiosidad tuviese un papel tan importante. Así pues, os voy a explicar cómo la colaboración y la comunicación entre los diferentes adultos que están presentes en los diferentes contextos puede reforzarse y ser de gran ayuda para los niños.

I. Fomenta la colaboración entre escuela y familia

Alguna vez habréis escuchado a vuestros hijos e hijas contaros emocionados que están aprendiendo algo nuevo en el colegio que les gusta mucho y que ha despertado su interés. Desde casa hay que saber aprovechar esa oportunidad y poder llevarla a la mesa Flisat. Además, no implica que la otra parte adulta tenga que ser conocedora, pero el hecho de que sea una trabajo conjunto va a repercutir de manera muy positiva en el proceso de aprendizaje de ese niño o niña, que va a reforzar su sentido de pertenencia. Os muestro un ejemplo que puede ayudar a entender este tipo de situaciones.

Recuerdo cuando mi hija mayor empezó a mostrar interés por las letras mayúsculas al trabajarlas en la escuela. Decidí preparar una mesa Flisat en la que pudiese seguir trabajando y explorando diferentes aspectos como:

La grafomotricidad: utilizando una bandeja con arena y tarjetas con letras en mayúscula y trazos.

El reconocimiento de grafía-letra y la conciencia fonológica (el sonido de las letras): añadiendo unos sellos con las letras de su nombre en mayúscula para que pudiese estamparlos en un papel en el orden correcto y así formar su nombre.

La escritura: usando sobre la mesa papel continuo con su nombre escrito en mayúscula varias veces para que tuviera que repasarlo de diferentes maneras: con gomets, con bastoncillo y témperas...

La diferencia entre vocal y consonante: ocultas en una bandeja con una base seca había letras en mayúscula que después tuvo que clasificar según fueran vocales o consonantes.

2. Mejora la comunicación entre las familias y los docentes

En otras ocasiones, el uso de las mesas de aprendizaje y el juego sensorial crea puentes de comunicación entre la escuela y el hogar, dando como resultado una colaboración más estrecha.

Cuando observamos el juego en la mesa Flisat, se obtiene mucha información: la manera de interactuar, el lenguaje utilizado, las destrezas que emplean... En más de una ocasión, la observación puede dar pistas sobre aquello que puede estar resultando un reto en el proceso de aprendizaje ya sea en el aula o en casa.

Cuando esa preocupación surge en el ámbito del hogar y se comunica a la escuela, lo más probable es que se os aconseje con una serie de actividades que pueden ayudar al niño o niña en cuestión, ya que en muchas ocasiones las familias pueden tener dificultad a la hora de saber cómo ayudar a su hijo o hija. En otras situaciones, la dificultad se puede observar en el aula y el hecho de poder trasladarlo a la familia, facilita la posibilidad de ofrecer más experiencias que permitan mejorar aquello que preocupa. Seguro que esta información tan valiosa, que se puede intercambiar a lo largo del curso en las reuniones con los tutores y otros docentes de vuestros hijos e hijas, puede ayudar a mejorar la experiencia en la mesa de aprendizaje.

CAPÍTULO 7

¿Y AHORA?

Hasta aquí este viaje en el que habéis podido conocer la mesa Flisat y todo su potencial tanto en casa como en el aula. Espero que ahora seáis capaces de ver más allá de la mesa y que veáis también que es el lugar idóneo para descubrir el mundo, organizar ideas, explorar, experimentar y sobre todo, el lugar que les permita ser ellos mismos ganando en autonomía, confianza y dando libertad a la curiosidad.

Ahora empieza la verdadera aventura. Cada vez que preparéis una mesa temática, vais a crear un ambiente respetuoso donde van a poder jugar, aprender, desarrollar la creatividad y crecer a nivel personal. Cada mesa de aprendizaje ofrecerá también un ambiente seguro y estimulante donde sean conscientes de su potencial y donde comenzará la pasión por aprender.

Y sobre todo, para vosotras y vosotros va a suponer una oportunidad en la que no se busca la perfección, sino que os dará la posibilidad de demostrar vuestra dedicación y cariño hacia ellos y ellas.

¡QUE CADA MESA SEA UN REFUGIO PARA LA IMAGINACIÓN Y EL APRENDIZAJE!

123

BIBLIOGRAFÍA

ABAD MOLINA, J. RUIZ DE VELASCO, A. (2011). El juego simbólico. Ed. Grao

BRITTON, L. (2017) Jugar y aprender con el método Montessori. Ed. Paidós

COUSO, M. (2023). Cerebro, Infancia y juego. Ed. Destino

GRUSS, L. ROSEMBERG. F. (2017). Los niños y el juego. Ed. Continente

MONTESSORI, M. (2017). El niño, el secreto de la infancia. Ed. Montessori Pierson

MORA, F. (2013). Neuroeducación. Solo se puede aprender aquello que se ama.

ROBINSON, K. (2016). Escuelas creativas. La revolución que está transformando la educación. Ed. Debolsillo Clave

STERN, A. (2017). Jugar. Ed. Litera

AGRADECIMIENTOS

Alago y Uxía, mis "mañegos", por disfrutar y vivir con emoción cada momento que compartimos, sea o no en la mesa Flisat. Habéis hecho que me redescubra como persona y que disfrute de la infancia como jamás hubiese imaginado.

A Isra, por apoyarme en este proyecto con tanta ilusión como lo he vivido yo. Tú, lector empedernido, creo que no podría hacerte mejor regalo que un libro escrito por mí para guardar junto a todas tus joyas literarias. Seguiremos disfrutando de todas las sorpresas que nos tiene preparada la vida.

A mi madre, Esme, y a mi padre, Javi. Por su comprensión y apoyo a lo largo de cada aventura en la que me he embarcado. Ojalá sepa hacerlo tan bien con mis hijos como vosotros lo hacéis conmigo.

A mi hermana, Galia, y a mi cuñado, Sebas. Gracias por ayudarme siempre, sobre todo a montar esas sesiones fotográficas familiares que tanto nos divierten. Lo que no consigáis vosotros... Gracias por hacer siempre vuestra magia.

A mis tres sobrinos: Erik, Henar y Laia. Por ser el punto de locura y diversión. Gracias por no poner límites a todas las ideas que os propongo y por la forma en la que queréis y cuidáis a vuestros primos pequeños (bendita paciencia).

A mis abuelos y abuelas. Qué suerte haber podido disfrutar tantos años de vosotros y vosotras. Ojalá poder volveros a abrazar una vez más.

A Marta, porque pocos son los recuerdos que tengo de mi vida sin que esté ella. Gracias por escucharme siempre, por salvarme tantas veces, por creer en mí y por saber hacerme reír hasta cuando el miedo me ha invadido. Sabes que toda esta locura de las Flisat empezó como efecto secundario de tus "provocaciones". Mil gracias por tus consejos, por vivir con emoción cada logro y por tu ayuda infinita. Espero que sepas lo mucho que te admiro y te quiero.

A Bea, por ser la chica de la eterna sonrisa. Qué necesario tener cerquita a gente como tú que consigue ver siempre el lado bueno de las cosas. Gracias, porque has sabido ver en mí lo que yo no creía posible.

A mis amigas, las que me acompañan desde el colegio, los veranos en el pueblo, la universidad, las que hice viviendo en el extranjero o las que la maternidad me ha permitido conocer. Gracias por estar y seguir ahí. Os admiro.

A mis compañeras y compañeros de los colegios donde he trabajado. Gracias por todo lo que he aprendido y crecido junto a vosotras y vosotros. He tenido mucha suerte de rodearme de grandes personas que hacen que ir a trabajar sea una gozada. Pero si hay algo que me hace muy feliz es que a muchas de vosotras y vosotros os pueda llamar "amigas y amigos". Gracias, Pedro, María Luisa, Raquel, mis chicas del Val, Víctor, Mati, Leticia y Ana Cris por seguir cumpliendo sueños y llevando a cabo planes también fuera del cole.

A todas las familias que he conocido a lo largo de estos años como docente. Espero que hayáis sentido siempre el cariño que pongo en todo lo que hago. Gracias por seguir dejándome acompañaros después de tanto tiempo, aunque ya no sea la profe de vuestros hijos e hijas.

A mis profesores y profesoras, por ser quienes desde muy pequeña me enseñaron a valorar la profesión más especial, delicada y bonita.

Y a ti, que ya has descubierto el arte de flisatear. Gracias por apoyarme y confiar en mi trabajo. Deseo que disfrutes de cada propuesta que lleves a cabo.

CONTACTO

flisateados@gmail.com

@flisateados